创业十三课

蔡玮◎著

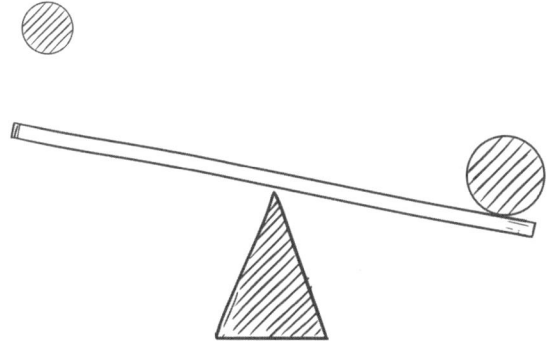

电子工业出版社
Publishing House of Electronics Industry
北京·BEIJING

未经许可，不得以任何方式复制或抄袭本书之部分或全部内容。
版权所有，侵权必究。

图书在版编目（CIP）数据

创业十三课 / 蔡玮著 . —北京：电子工业出版社，2023.8

ISBN 978-7-121-46063-0

Ⅰ . ①创⋯　Ⅱ . ①蔡⋯　Ⅲ . ①创业－研究　Ⅳ . ① F241.4

中国国家版本馆 CIP 数据核字（2023）第 142012 号

责任编辑：黄　菲　　文字编辑：刘　甜　　特约编辑：李　颐
印　　刷：北京盛通印刷股份有限公司
装　　订：北京盛通印刷股份有限公司
出版发行：电子工业出版社
　　　　　北京市海淀区万寿路 173 信箱　邮编：100036
开　　本：720×1000　1/32　印张：7.125　字数：193.8 千字
版　　次：2023 年 8 月第 1 版
印　　次：2023 年 8 月第 1 次印刷
定　　价：78.00 元

凡所购买电子工业出版社图书有缺损问题，请向购买书店调换。若书店售缺，请与本社发行部联系，联系及邮购电话：（010）88254888，88258888。

质量投诉请发邮件至 zlts@phei.com.cn，盗版侵权举报请发邮件至 dbqq@phei.com.cn。

本书咨询联系方式：1024004410（QQ）。

前言

在天使投资中，有些创始人的学习能力和迭代能力能够激发出很强大的力量，作为投资人，我们必须回应这种力量。

我们可以撸起袖子，帮你一起制定战略，一起探讨使命、愿景、价值观，一起设计公司股权激励方案，一起探讨如何挖人、"砍"人，如何激活、优化组织。万事都可以和我们讨论，万事我们都懂一点。王阳明心学提倡"知行合一"，但是在说与做之间隔着一个深渊，你必须全神贯注、全力以赴，或者如朱熹说的做到"正心、诚意"，才能避免陷入深渊。我们研究过无数公司是怎样摆脱深渊的，我们也有经验帮你走出深渊。

你可能会经常感到迷茫,甚至陷入自我怀疑:我为什么无法坚持,为什么很难成长?

因为没有榜样,没有陪伴。

序

我为什么要做天使投资

天底下没有小生意，只有小人物。

兰迪·亨廷顿（Randy Huntington）是一位美国教练，也曾是中国田径协会的总教练，更是 2020 年东京奥运会中国田径队的幕后英雄。亨廷顿多年来一直担任多位世界级运动员的教练，培养了 8 名奥林匹克运动员和 7 名世界锦标赛队员。在他的指导下，迈克·鲍威尔（Mike Powell）和威利·班克斯（Willie Banks）分别创造了跳远和三级跳远的世界纪录。亨廷顿在美国训练的 6 名运动员在各自项目中的成绩都进入了美国历史前十。此外，亨廷顿有位中国弟子大家一定都不陌生，他就是中国短跑名将、在东京奥运会跑出9秒83的成绩、创造新的亚洲纪录的飞人苏炳添。

不过，亨廷顿总觉得中国运动员不够"自大"。据中国国家田径队官方描述，早在2016年里约热内卢奥运会结束后，亨廷顿就表示，中国选手已经准备充分，只是缺乏足够的自信。在接受采访时，亨廷顿说道："之前我教过多位世界级运动员，在他们眼中，你可以看到那种自信和对胜利的渴望，而在中国运动员眼中，我找不到这个信念。在奥运会中，一般输都不是身体机能的问题，而是心理的问题。"所以，引导中国运动员调整心态，是亨廷顿的重点工作之一，他希望帮助中国运动员以最好的状态应对比赛和训练。

关于皮格马利翁效应。

在希腊神话中，雕刻家皮格马利翁爱上了自己的作品，他每天对着少女雕像说话，抚摸它、装扮它，最后那座雕像变成了一位真正的女神。皮格马利翁效应是一种社会心理效应，又被称为自我应验预言。

创业者拿到的第一笔投资很重要，不管金额是多少，从创业心理学角度而言，这是非常有份量的一笔资金。反过来说，第一笔投资是否应用恰当，会影响创业公司的走向。同样，创业者不要接受犬儒主义投资人和悲观主义投资人的投资，因为他们的未来是自我应验预言。第一个天使投资人实际上具有"施展魔法"的能力，负面性格的天使们可能会致使企业失败；而正面性格的天使们则能助力企业成功。因为皮格马利翁效应给予我们这样一个启示：人（通常指孩童或学生）在被给予更高期望值以后，他们会表现得更好。

二

王小波说："那一天我二十一岁，在我一生的黄金时代。我有很多奢望。我想爱，想吃，还想在一瞬间变成天上半明半暗的云。"

忘掉王小波吧！埃隆·马斯克（Elon Musk）说："所

谓创业，就是嚼着玻璃凝望深渊。既然必须穿过地狱，那就走下去。"

在艰难困苦的创业路上，创业者有两种学习方法：一种是试错学习，即在实践中学习；另一种是跟高人交流，从别人的错误中吸取教训。好的天使投资人也是好的创业教练，好的创业教练在这两条学习之路上帮助创业者寻找方向、共同复盘和讨论内化。一般来说，从自己的错误中吸取教训之后不会再犯错的人已经很了不起了，而能从别人的错误中吸取教训的乃为天才。有人问过马云和他的助理同样的问题，那就是马云是怎样成长为现在这样的。他们的答案一致，即跟你能遇到的最厉害的人交流。跟高段位的人交流，将他的精华吸收起来，就能快速成长，但是这种交流一定要是高效的、有价值的，这样才能促成第二次、第三次的交流。

学习需要方法论，甚至如何找寻偶像也是有方法的。不仅普通人有偶像，高手也有偶像。杜甫的偶像是诸葛亮，李白的偶像是谢大将军，沃伦·巴菲特（Warren Buffett）最想共进午餐的历史人物是牛顿，查理·芒格

（Charlie Munger）最想共进午餐的人是本杰明·富兰克林（Benjamin Franklin），因为"牛顿比较聪明，而富兰克林更加睿智"。见高手，也得趁早。不要忘了王小波45岁离世，诸葛亮53岁逝世，曾国藩61岁归西。

三

李白在未成名时想争取"天使投资"。韩朝宗又称韩荆州，京兆长安人，唐代官吏，任官时喜欢提拔后进。时人曾有语："生不用封万户侯，但愿一识韩荆州。"诗人李白曾写下举世闻名的篇章《与韩荆州书》，希望得到韩荆州举荐，如果举荐成功，必定"衔恩抚躬，忠义奋发"。由此可见，不是李白没有才气、没有经验，而是如果缺乏引导，就没有机会和渠道建功立业。

1978年，红杉资本创始人唐·瓦伦丁（Don Valentine）投资了史蒂夫·乔布斯（Steve Jobs）的苹果。苹果在1978年1月筹资51.7万美元，其中15万美元来自红杉资本。瓦伦丁回忆，他参观了乔布斯和沃兹尼亚克最初创业的车库，表示他当时其实是厌恶乔布斯不修边幅的邋遢样子的："当时这位 23 岁的苹果创始人身上有股奇怪的味道。"不过瓦伦丁依旧给出了一些中肯的建议，并且给予投资。乔布斯曾在回忆中这样表示："那个时候的风投，就像你的导师一样，对创业公司的帮助非常大。因为早期的投资人，像瓦伦丁，都曾是高科技企业的创始人或高管。这种背景，让投资人在投入金钱之外，也会像导师一样分享自己的经验。"

康德在《对"什么是启蒙"的回答》里写道："启蒙运动就是人类脱离自己所加之于自己的不成熟状态，不成熟状态就是不经别人的引导，就对运用自己的理智无能为力。"当失败原因不在于缺乏理智，而在于不经别人的引导就缺乏勇气与决心付诸行动时，那么这种不成熟状态就是自己所加之于自己的了。Sapere aude（要有勇气运用你自己的理智）！这是启蒙运动的口号。

有位天使投资人说："天使投资就像足球运动，有盘带、突破、长传、倒脚、飞铲、倒钩……但让人记住的，只有漂亮的进球。"

目 录

第一课　»　假如能活一千年，你该如何创业　/ 001

第二课　»　JUST DO IT　/ 017

第三课　»　如何开始一场轰轰烈烈的创业　/ 025

第四课　»　战略论　/ 039

第五课　»　公司需不需要使命、愿景、价值观　/ 055

第六课　»　为什么要做第一　/ 069

第七课　»　不懂财务的创业者不是好CEO　/ 079

第八课　»　资本家赌未来，企业家赌产品　/ 097

第九课　»　没有增长，就是失败　/ 111

第十课　»　人心惟危，道心惟微；惟精惟一，允执厥中　/ 119

第十一课　»　如何寻找萧何与韩信　/ 145

第十二课　»　想象力比知识更重要　/ 177

第十三课　»　谦虚使人进化　/ 183

后记　»　不忘初心　/ 213

参考资料　/ 215

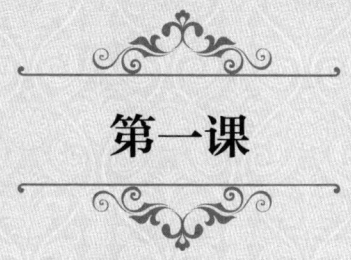

第一课

假如能活一千年，你该如何创业

我毫无阅历,毫无思想准备:
一头栽进我的命运,就像跌进一个深渊。
(出自《一个陌生女人的来信》)

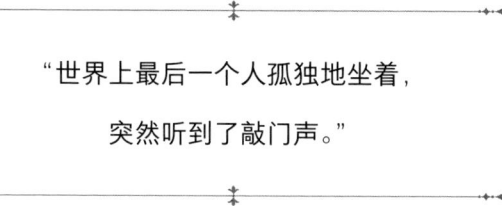

"世界上最后一个人孤独地坐着，
突然听到了敲门声。"

这是20世纪举办的一次超短篇小说大赛的冠军作品。假如有一天，菩提捻花，迦叶微笑，上帝掷骰子赐予你一千年的寿命，这可能就是你的故事了。

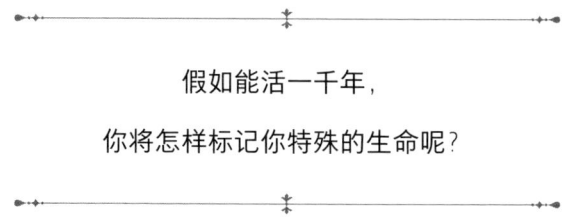

假如能活一千年，
你将怎样标记你特殊的生命呢？

《变形记》中最著名的就是篇首的第一句话："一天早上，格里高尔·萨姆沙从不安的睡梦中醒来，发现自己躺在床上变成了一只巨大的甲虫。"

❧ 一 ☙

欢迎你，巨大的甲虫。

实现财富自由是大部分人的人生目标之一。一个人，或者一家公司，一旦富起来，只需要一次，就大概率可以富很久。实现财富自由之后，你可以专注于个人兴趣，充实自我，甚至可以周游世界、探索生命，挥霍你一千年的寿命。

在此之前，我们要充分审视"创业"这件既艰难又简单的事情。

纵观现在中国人的一生，大约从 22 岁工作到 60 岁退休，精力旺盛期持续 38 年左右，创业和试错失败率之高，让我们都不忍回顾。2022 年末，全国登记在册的市场主体达到了 1.69 亿户，其中个体工商户 1.14 亿户。扣除个体工商户，上市公司不到 5000 家，成功率不到万分之一。从数字来看，我们要吸一口冷气，创业成功并不容易（这是以上市成功为标准的，我们将其简称为 A 标准）。但是从投资角度来看，一个创始人从零到一，公司做到一个亿营收或者 10 亿估值，然后被并购也算另一种创业成功（我们将其简称为 B 标准）。

A 标准和 B 标准，它们的适用时间为 2030 年前。

再让我们拨开上市公司的迷雾。有趣的是，每一代人都会以为自己在当下时代没有机会了，这是个经典的思维误区。看看中国上市公司的成立时间，1955 年后几乎每个年份都有公司成立，其实任何时候的机会，在当时的很多人看来都不是机会。

截至 2022 年底，中国 A 股有 4900 家公司左右，成立时间最久的是西子洁能，其前身为 1955 年成立的杭州锅炉厂，该公司从成立到上市成功花了 67 年。上市时间最短的是拼多多，2015 年 9 月成立的拼多多于 2018 年 7 月在美国上市，只用了不到 3 年。毛估中国公司从成立到上市的时间平均为 15 年。随着注册制的全面展开，上市速度会更加迅速。"雷雨资本"公众号在 2021 年初发过一篇研究文章——《在医疗行业创业，多久可以 IPO？》，文中统计截至 2020 年 12 月 29 日，沪深两市上市 A 股企业共 4127 个。我们研究了

261个具有代表性的医疗行业上市公司，其中44家历史沿革较久远的企业，经国企改制后上市；其余217家上市医疗企业，上市的平均年龄是15.01年，中位值是14.37年，上市时已成立11~19年的医疗企业最多，共有135家。

我们用一句话来总结，在中国平均花15年时间你就能创业成功。

二

近期网络上流传着这样一段话：人生最大的悲哀是什么？是16~19岁，在对各个学科一无所知的情况下被要求选择专业；20~25岁，在对社会的运行机制毫无概念的情况下被要求选择工作；25~29岁，在对人际交往一知半解的情况下被要求选择一生的伴侣。如此看来，在人生中出错是个大概率事件。

大部分普通人都是在对命运毫无所知的情况下选择创业的。

别人怎么看待你，这只是阶段性的"运"，你怎么看待自己，才关乎你一生的命运。按照一般的人生轨迹，从22岁工作到60岁退休，我们的精力旺盛期大约为38年——这是大约两个半的15年创业时间。然而，由于我们没有从更高的高度来俯视自己的命运，我们也没有一个通过时光机器回来的"另一个自己"告诉我们，如何做更好的选择，人生一蹉跎就过了10年，再一蹉跎人已经老了。正如哈佛大学杰出的心理学家威廉·詹姆斯（William James）所说："人类个体通常都在离他的极限很远的范围内生活。人们拥有各种力量，但他们不习惯去使用。他们的经历低于自己的最大值，他们的行为也低于自己的最佳状态。"我们都没有发挥出自己最大的潜能。

我们复盘过去，我们凝视未来。

中国的商业文明社会来得太晚，黄仁宇在《万历十五年》中描述了明朝社会："1587年，为万历十五年，丁亥次岁，表面上似乎四海升平，无事可记，实际上我们的大明帝国却已经走到了它发展的尽头。在这个时候，皇帝的励精图治或者宴安耽乐，首辅的独裁或者调和，高级将领的富于创造或者习于苟安，文官的廉洁奉公或者贪污舞弊，思想家的极端进步或者绝对保守，最后的结果，都是无分善恶，统统不能在事业上取得有意义的发展，有的身败，有的名裂，还有的人则身败而兼名裂。"当制度不堪修补，社会的推动力已然消失之时，再强有力的改革也显得无济于事。用书中结尾的话来说，万历皇帝、张居正、申时行、海瑞、戚继光这些人，虽然拥有着不同的抱负与蓝图，但是整个国家已经没有了动力。

《万历十五年》传达出了一种悲伤的信号，元、明、清三朝对商业文明来说是大败局。时代的一粒尘埃，落在个人身上都是一座大山。

什么是商业文明？商业文明首先表现为法治环境下企业家的最大自由度，其次是市场的自由度，再次是资本市场的自由度。1755年，睿智的亚当·斯密（Adam Smith）写下了培育商业文明的基本条件："除了和平、轻赋税和尚可容忍的司法管理，使一国由最蛮荒状态走向最高程度的富足，不再需要其他的东西；所有其他的一切会自然而然地生发出来。"改革开放初期，1978年中国GDP为3679亿元。改革开放的车轮启动后，2000年中国GDP便突破10

万亿元，超过意大利成为世界第六大经济体；2010 年 GDP 突破 40 万亿元，超过日本成为世界第二大经济体；2020 年 GDP 突破 100 万亿元大关。1978 年以来，中国经济加速发展，可能是世界历史上"最伟大的经济奇迹"之一，这也是中国商业文明的胜利。

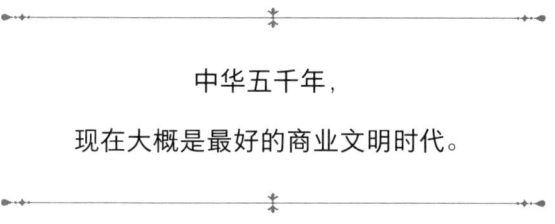

中华五千年，
现在大概是最好的商业文明时代。

在大机会时代，切忌机会主义。首先，从改革开放 40 多年来看，凡是成功地做出大事业的中国企业家，他们都坚持一个底层逻辑——"Long China"（做多中国）。其次，世界上只有一个无限游戏，那就是你的人生。长寿的你可以做一个中国创业计划：在第一个 100 年创业成功，这是跟吃饭睡觉一样正常的事情，再去实现其他的计划。譬如计划 38 年的创业期：第一步，用大约 8 年的时间寻找感兴趣的行业、工作；第二步，经验和人脉积累到位，开始创业 15 年；第三步，假如创业失败，再创业 15 年。60 岁实现财富自由之后，便去享受 940 年的快乐人生吧！

"生意"凝聚了人类无数的欲望和智慧，
欲望推动人类前行，智慧启发人类如何前行。

实际上创业除了会带来财富，还会带来认知进化、解决就业、回馈社会等一系列正面效应，而且创业可以十分有趣，你甚至可以创业一辈子。20 世纪 60 年代，美国左翼和学生运动风起云涌，企业家在伦理道德上被污名化。哲学家安·兰德（Ayn Rand）出书《阿特拉斯耸耸肩》力挺企业家，此书被美国国会图书馆和每月读者俱乐部评为美国第二具有影响力的书，仅次于《圣经》。经济的第一推动力在哪儿？牛顿将宇宙的第一推动力归结到上帝身上。兰德更加大胆地认为，经济的第一推动力"就是人本身"！兰德相信企

业家是支撑世界的巨人，她甚至认为一旦企业家罢工，社会就会崩溃。如果企业家罢工，将会"让这个世界认识到他们是些什么人、有什么作用及一旦拒绝工作会有什么后果"。

在商业文明时代，企业家会跟摇滚明星、科学家一样耀眼。

三

大家都是第一次做人，第一次创业。

一个普通人回过头去看自己走过的路，他可能是看不明白的，经验也是别人总结的。但中国有很多非典型的创业者可以学习，譬如华为的任正非、阿里巴巴的马云、美团网的王兴、理想汽车的李想，等等。为什么强调"非典型"呢？因为这些创业者体现出强大的系统性思考能力，复盘到位，反思深刻，值得其他创业者学习。

创业就是在战争中学习战争。

乔布斯认为，如果没有真正长期去做过一件事，没有在一次又一次的失败之中站起来，你看问题也只会浮在表面，认知到不了三维层面。2003年，王兴中断美国特拉华大学的学业，拉着大学跟他住上下铺的兄弟王慧文开始创业，不会编程就现学，但每次都以失败告终。在2005年底创办校内网之前的两年，王兴折腾过"多多友"等好几个创业项目，也犯了很多错误。王慧文回忆道："那两年我们做了很多产品但从来没去推广，说好听点是靠口碑传播，说难听点是压根儿不敢也不知道怎么传播。"王兴把自己同乔布斯比较："乔布斯第一次和第二次担任苹果CEO，他的疯狂、执着没有变，只是重返苹果之后管理能力强了很多。"回首过去创业受挫的经历，王兴说："我现在的管理水平还处在比较低的段位，连续受挫的经历，现在复盘，我认为首要的还是内心要强大。"

王兴还总结道："美团网是我们做得最长的一件事情，校内网、饭否网我们都没有做满三年。我不知道别人是怎样的，我深深地觉得，以我自己的能力和周围人的能力，三五年做成一家很像样的公司，时间真的不够。我们的美团网还没有成形。"所以，虽然"做一件对的事情"可能会业绩低迷，但是继续"坚持做对的事情"就有可能最终获得成功。如果没有真正亲历这个过程,就算读再多的书也很难突破"知行合一"那条线。譬如读书人王兴经常会碰到不一样的文化习惯。2012年9月,美团网在北京温都水城举办城市经理誓师大会。销售团队成员用花轿把王兴抬到台上,他们酒酣耳热、情绪高涨,互相叫嚷着"我们今年的业绩一定蒸蒸日上",随后斗起酒来,最终又纷纷把酒碗摔在地上。王兴愣在当场,左潇问王兴:"你有没有想过有一天自己会和这样一群人共事?"王兴说:"我知道做O2O需要很多线下的人,但今天这个场景我确实没有想到,很出乎意料,但很有趣。"

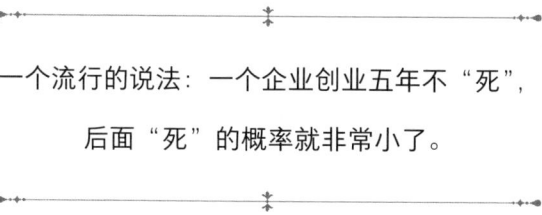

一个流行的说法:一个企业创业五年不"死",
后面"死"的概率就非常小了。

作为普通创业者,当你自知你的洞察力没高到惊人的水平之前,如果你自认为发现了一个很明显的市场空白,那么这个市场空白应该不存在。相反，若你怀疑眼前的道路是错误的，反而更要加油前行，因为这样做至少可以早点认识到自己的错误。"西风愁起绿波间"这句话特别适合用来描述创业者的焦虑感，"长舒罗袖不成舞，却向风前承泪珠"这句话可用来描述失败的创业者。随着创业公司的快速发展，公司不同高管在信息获取方面存在差异，很多问题是无人能讨论的，因为讨论不出结果，带头人到最后会非常孤独，只能选择一个人把这件事想明白。

王兴向他的员工推荐过一本书——《禅与摩托车的维修艺术》，在书中有一段话："大部分人望着高峰，但他一生从来不曾攀上过山顶，只是听听别人的经验就已经很满足，而自己不愿意花费任何心血；第二种人依照前人的成功经验，成功登顶了；第三种人没有登顶的经验，但是他又怀疑前人登顶的经验，于是他决定自己探索出一条路来，最终也成功登顶了。第三种人于是明白了，登山没有一条唯一固定的道路，有多少人就有多少条路。"同样地，在宫崎骏的《千与千寻》中，白龙对千寻说："我只能送你到这里，剩下的路你要自己走，不要回头。"

长期主义者，没有对手。

假如你真的相信自己能活一千年，"入眼"的东西就不一样了，能看到的好像是另外一个世界。很多在此之前你会不由自主地关注的东西，就好像"突然间彻底消失了一样"，而另外一些东西，就好像"突然冒出来一样"，这种感觉很神奇。《黄昏》（Nightfall）是科幻小说作家艾萨克·阿西莫夫（Isaac Asimov）撰写的小说，创作于1941年，被认为是历史上最著名的科幻小说之一。阿西莫夫在自己的回忆录里讲叙过故事来源："1941年3月17日，我去编辑坎贝尔的办公室，他给我读了一段拉尔夫·爱默生早期的文章，题目是《自然》：若千年之间群星仅现于一夜，人们将会何等虔信与仰慕，对那上帝之城的追忆又将延续多少世代啊。"坎贝尔说："我认为爱默生错了。我想如果群星在一千年里只出现一个晚上，人们会发疯的。我想请你把它写成一个故事，名字就叫《黄昏》。"阿西莫夫像写其他故事一样写完了《黄昏》，交给了坎贝尔，没想到这个故事造成了巨大轰动——因为故事让读者以永恒的角度看待事物。

马云在 2000 年底确定了阿里巴巴的第一个愿景——活102 年。为什么要活 102 年而不是 103 年、101 年呢？因为阿里巴巴的创立时间是 1999 年，1999 年是 20 世纪的最后一年，102 年之后将跨入 22 世纪。马云说要创造一个能够跨越 3 个世纪的公司，最少要活 102 年。长期主义者应具备以下特点：不急、慢慢来、目光长远、专注于当下，不被短期的东西所诱惑或引发其他情绪，也不会为不确定的未来而担心。

> 斯宾诺莎说："理性的本质就是我们要学会以'永恒的眼光'看待事物。"

在印度宏大史诗《摩诃婆罗多》的第三部分，一位叫夜叉的强大神灵问般度族中最年长、最有智慧的坚战（Yudhistira）："所有秘密中最伟大的是什么？"坚战微笑而语："每一天都有无数人死去，然而那些活着的人就好像会不朽一样在生活。"

第二课

JUST DO IT

> 在这条路上,只有第一步最重要。

第一,兴趣引导学习,JUST DO IT(只管去做)。

从定义上说,学习就是用心观察身边的事与人,然后思考。但是只有有了兴趣,才会用心观察,所以福尔摩斯这样对华生说:"你只是看,你并没有观察。"

对小孩子来说,兴趣是最好的老师,父母应该支持他们 JUST DO IT。兴趣,是对某件特定事情的良好情感体验。当人对某件事产生了兴趣时,就会不自觉地反复去做,在一次次的重复过程中,就会不断地进步,一次比一次做得更好!在这个过程中,行动者会获得人类共同的经验和知识,其心智得到成长。所以在开始时勿执着于"瞄准",先体验"开枪"这一动作。很多人总关注目标,最后连枪都不会用。

第二，在创业路上第一步也是最重要的一步，就是JUST DO IT。

有一项研究分析了到底是什么因素，决定了一个人能够成为亿万富翁。结果很有趣，关联性最强的不是出身、智商、受教育程度，而是这个人最早何时开始做生意。当年有记者采访松下幸之助："你成功的最大原因是什么？"松下幸之助认为自己成功的原因之一是贫穷："我9岁时父亲的公司垮了，我只好一个人在外漂泊打工。"

创业是带着一群人无限试错的过程，越早试错，越早成功。而且如果在一个新兴的、快速发展的领域，一个专家的知识储备可能是普通人的10倍，但也只是百分之一和千分之一的区别。大家懂的绝对值都很低，二者无知的程度是非常接近的。索尼于1946年成立，刚开始做了一款电饭煲，最终失败，这是因为时机不对。然后索尼靠维修收音机生存，卖过电压表和录音机。1955年凭借在美国收集的信息，董事长井深大带领研发团队做出第一个核心产品——晶体管收音机。在生产试验中，每生产100个晶体管，仅有1~5个可用，该产量远远低于商业成功要求的最低值。尽管如此，井深大依旧欣喜若狂，以他标新立异的观点来看，只要生产工艺被证明可行，提高产量的研究就会与生产同步进行。慢慢地，索尼良品率不断提升，生产出日本第一台晶体管收音机。到 1957 年，受到收音机业务的推动，索尼的营业额增长到 250 万美元，员工达到 1200 人。

2011 年，彼得·蒂尔（Peter Thiel）创办了旨在鼓励高中生和在校大学生休学创业的"20 Under 20"项目。这个项目，每年在全球范围内选出 20~25 个 20 岁以下的天才青年，2 年之内为其提供 10 万美元，让他们去做自己最想做的创业项目。项目引发了巨大争议，人们指责这个项目鼓励学生追求商业成功而忽视学业。但同时此项目也广受欢迎，麻省理工学院在项目成立之初就热烈祝贺两名学生入选，并承诺他们想回来时随时回来。在这个项目的官网上，写着这样一句话：Some ideas can't wait（有些想法不能等）。在彼得·蒂尔看来，假如比尔·盖茨（Bill Gates）或马克·扎克伯格（Mark Zuckerberg）等到从哈佛大学毕业再创业的话，世界上就可能不会有微软和 Facebook，或者微软和 Facebook 就不是盖茨和扎克伯格的了。"20 Under 20"项目的网站首页引用了马克·吐温的一句话："我从来没有让上学这件事干扰我的教育。"哈佛大学前任校长劳伦斯·萨默斯（Lawrence Summers）指责这个项目是"10年来导向性最错误的慈善项目，它旨在贿赂学生抛弃学校教育"。彼得·蒂尔回应说："相比这种担心，我更担心人们盲目地学习，既不提问题，又提不出问题，而让教育代替自己思考。"

第一批充满奇思妙想、超凡卓绝的年轻创业家共24人，其目标是"追求科学和技术创新项目，学习创业精神，并开始创建未来的科技公司"，使命是"立刻去做"！

第三，文明是如何形成的，JUST DO IT！

近现代日本是世界公认的模仿成效最好的国家之一，其中有个秘密，日本用一个笨方法解决了学习中的大难题。正如内田树的《日本边境论》所解释的：要学习某种知识或技能的时候，必须先为自己选择一个老师。但是，我们没有基础和能力来俯视要学习的知识或技能，因此也无法判断哪一位才是适合我们的老师。对于想要学习某种知识或技能的人，如果我们要求他首先具备"能够客观评价老师，选择正确老师的预备能力"，那么恐怕他一辈子也无法开始学习。所以，为了开始学习，我们必须有这样的一种觉悟——"既然我什么也不知道，那就跟着老师学吧"。

人类最初的认知过程可能源于个体的"刺激—反应"这一机制，后来这个模型扩展到群体，再逐渐扩展到抽象的概念中，之后又进一步数学化，慢慢地形成了我们今天这样的知识结构。历史、哲学、科学、宗教和艺术是人类认识世界的五种经验形式。宗教在人类认知上开了第一枪，其于人类文明的意义在于它阴差阳错地引导了文明的起步，它把自己信徒的思维同步并协调起来。无论人类一开始相信哪个宗教，无论这个宗教是否具有欺骗性，只要人类选择相信它，并保持故事的一致性联系，系统就会向复杂化演化。人类如果对于"事实"没有共识，就不会深入讨论。米歇尔·福柯（Michel Foucault，法国哲学家）认为，当一群人把另一群人标定为疯子的时候，文明就诞生了。以《圣经》为例，刚开始其只是记叙故事、诗歌、辩论赛，到了《约伯记》和《传道书》开始有了思想深度。

无论宗教还是学习，都有一套归因架构。所谓"归因"是指人们对他人或自己行为原因的推论过程。具体来说，就是观察者对他人的行为过程或自己的行为过程所进行的因果解释和推论。越解释，就会越深入、越抽象，逻辑性也会越强，思想深度便会越深。文明就是这么慢慢形成的。

野马也，尘埃也，生物之以息相吹也。

第三课

如何开始一场轰轰烈烈的创业

2013 年，从宝洁辞职的黄锦峰雄心勃勃地去了哈佛大学念 MBA，然后同样雄心勃勃地回到国内想干番大事业，但他跟同样怀抱创业梦想的"小镇青年"一样面临着同样的疑惑：立刻创业还是继续打工？

真格基金创始人徐小平送他 6 个字——先学习，再打仗。黄锦峰年纪尚小，但在人生关键点上都能做出准确、精明的判断。黄锦峰立刻加入势头凶猛的湖南公司御泥坊，只用 4 年时间便从员工做到副总，学到了很多美妆经营和操盘的经验。转身创业后，2020 年黄锦峰带领美妆公司完美日记敲钟上市。

如何选择行业

按照联合国产业分类，有 41 个工业大类，207 个工业中类，666 个工业小类。而中国是全球唯一拥有联合国产业分类中全部工业门类的国家，虽然领先行业较少，但中国几乎可以在所有行业中参与全球竞争。高瓴资本创始人张磊说:"你能想象走在大街上,同时看到炼钢铁的卡耐基,做石油的洛克菲勒,谷歌的创始人拉里·佩奇,贝索斯、扎克伯格这些人走在一起吗?在中国这样的人走在一起了,这些人在同一时间来到同一个舞台,真是太有意思了。"在物质极大丰富的时代,这种现象在世界范围内依旧少见。

创业动机千奇百怪,但选择"进入富豪排行榜"或"帮助人类进化成跨星球文明物种"是完全不一样的。

1. 选择供需失衡的行业

市场的本质是供需,商业的本质是竞争。20 世纪 80 年代,改革开放初期,一批人只是简简单单地将南方的货品运输到北方就赚了大钱。在计算机刚刚兴起时,中关村有一批人靠给客户组装和批发计算机捞到了第一桶金。如果从生意的属性来看,那么它们没有任何护城河,属于最无技术含量的职业之一。但就是这样的生意,在特定的阶段却造就了可观的财富,原因便在于供需失衡。

中国社会由于社会变革、时代变迁，产生了大量的供需失衡的行业。1987年，深圳特区进行了中国改革开放以来土地使用权的首次公开拍卖，这标志着中国房地产行业开始进入商品化时代。1991年，全国第二次住房制度改革工作会议召开，国务院对24个省（市、自治区）进行了房改，全国房地产行业进入腾飞阶段。20世纪末，互联网行业兴起，诞生了一系列互联网巨头，如腾讯、百度、阿里巴巴等。2004年，马斯克向马丁·艾伯哈德（Martin Eberhard）创立的特斯拉投资630万美元，而他则担任该公司的董事长，电动车史诗级的故事由此开始。2014年，蔚来汽车、小鹏汽车、理想汽车一一登上舞台。每个大时代都有新机会、新趋势、新商机。创业者颇为失败的地方在于错过了时代机会。一门好生意的出现伴随以下两种现象：宏观趋势发生变化，产生新需求；微观领域开放竞争，出现商机。例如，"Z世代"的年轻人可能都有自己的"爱豆"，也有网络上的虚拟偶像，如B站中非常受"Z世代"欢迎的虚拟偶像洛天依。除此以外，新一代的消费者更加看重产品质量，以及产品对自己的健康是否有利、产品是否环保、企业的社会责任是否履行等。这里面蕴藏着大量供需失衡的商机和创业机会，如近两年火爆的元气森林主打的就是健康理念。

在世界商业史上，能踩对一次大周期的公司，就可以做成大公司；踩对两次大周期的公司，就将成为伟大的公司。谁能想到每天在电视上播着时尚广告的宝洁是一家成立近 200 年的公司？而看起来永远年轻的可口可乐已经 137 岁了，它现在有 2000 多个品类的饮料，以应对不同时期的消费需求。商业巨头 IBM 在 110 余年中，卖过打字机、晶体管计算机、个人计算机，还卖过"整体解决方案"，现在正与时俱进地卖着云服务。

2. 选择时代的行业（正在上升期的行业）

芒格说："每个人都能成功的诀窍，就是进入（投资）正在上升期的行业，在那里你不需要特别聪明或勤奋就能收获很多。"

2000 年，曾在奥迪工作多年的万钢向国务院提议，发展新能源汽车，以此来实现国内汽车行业的跨越式发展。

要达到燃油车核心三大件（发动机、变速箱、底盘）的国际制造水平，中资企业依然相去甚远。相比之下，新能源汽车的三个核心是电池、电机、电控，中国在电子制造领域有一定优势，跟美、日、德等汽车强国并没有明显的差距。万钢认为，集中发展新能源汽车，相当于把汽车强国拉回同一起跑线，我国弯道超车的概率会大大增加，这就是时代的机会！再厉害的人在大时代面前都只不过是风中之烛。诺基亚倒闭的时候，诺基亚的研发费用是苹果的4倍，花了那么多钱，都不知道犯了什么错，就被淘汰了。这就是时代，旧品牌的时代过去了。

1995年杰夫·贝索斯（Jeff Bezos，亚马逊创始人）在纽约一家对冲基金公司做行业研究，当时他发现网络的使用量在以每年23倍的速度增长，他从未见过有哪个行业增长得如此迅猛。贝索斯回忆说："于是我立刻想到建立一个网络书店，在那里人们可以选择上千万种图书，这在现实世界里可能无法实现。我对这个想法感到兴奋。"

中国的行业大多曾经是成长性行业，我们在很短的时间内走过了发达国家一两百年走过的路，但是当渗透率到达一定水平时，行业都会变得成熟。中国不一样的地方在于机会更多。欧洲缺少技术和市场，非洲有市场但缺少技术和资金，中国、美国既有市场，又有技术，还有资金，能开展创新实验和研发。美国战略思想家约翰·加尔布雷斯（John Galbraith）说："以我们在美国所获的经验来看待印度或中国，有一半是看不懂的，还有一半是错误的。"

3. 选择竞争对手弱的行业

有位企业家跟我说："行业从业者平均素质非常低，这是我选择进入一个行业时考虑的首要标准。次要标准是现有品质低于国际标准甚至远落后于国际标准。"

在中关村刚刚发展时，一般计算机专业的研究生从卖计算机开始"下海"，后来发现中学毕业生都比他们卖得好；当计算机变得复杂以后，本科生就比中学毕业生卖得好了；当计算机更复杂后，研究生才起作用。《中国企业家》曾经报道一位创业者强小明的故事，他经过长期观察，发现鸡胸肉品类存在着严重的供需不平衡和用户体验未被满足的问题。大量数据表明，消费者在网上搜索鸡胸肉品类的频率是持续增长的，而且增长速度特别快。最重要的是，当时的鸡胸肉品类还没有出现一个真正的大品牌，强小明意识到属于他的机会来了。"当时我们定了几个方向，要去找一些增速比较快、竞争对手相对较弱的偏蓝海市场。"在强小明看来，在当时，这个赛道的市场不大，但未来一定可期。在对比了几个关键数据后，强小明觉得创业的机会就在于鸡胸肉品牌。

现代技术把人与人因能力不同取得的效果间的差距拉得越来越大，以至于你投钱买别人公开上市的股票都比自己操作项目赚得多。行业的周期波动，对平庸企业而言是道"坎儿"，对优秀企业而言是机遇。一个周期过去，好公司的销售额或市值就会创一次新高。比如传统的餐饮行业需要极大的热情和长期坚持，本质上是辛苦活儿，想着只投钱不参与经营管理的投资人最后大部分会亏损。老话说餐饮行业叫"勤行"，经营以满足温饱为目标的生意是脆弱的。从微观上看，不动产成本不断上涨，人力成本不断上涨，竞争者越来越多；从宏观上看，社会的每次经济结构变化对企业来说都可能是一场浩劫。但是注重数字运营或用户体验的创业团队一进入餐饮市场，对其他企业而言就是降维打击，如海底捞。我顺便暗示一下，据说大闸蟹一年有 500 亿元产值。这个数字大得令我吃惊。

关于高科技行业，亚瑟·卡拉克（Arthur Clarke）说："一种高效、先进的技术与魔法无异。"1000 年前，我们的祖先曾经靠当时的高科技赚钱，把泥土烧成瓷器就能卖到全世界，这和今天英特尔等公司把沙子炼出的硅做成芯片卖给全世界是同一回事。

航空航天是工业技术的母亲河。新中国成立之初，百废待兴，国家却极度重视"两弹一星"工程。有人问中国火箭专家、梁启超之子梁思礼："蓝天空空如也，到底有什么值得探索和开发的呢？"梁思礼轻描淡写地回了一句："高度，就是资源。"未来 50 年，大数据、物联网、人工智能、纳米科技、虚拟现实、生物技术、社交媒体、区块链、太空探索和 3D 打印这 10 种高科技中的几乎每一种都可能带来一场经济革命，乃至社会和生活大变革。

二

创业时机

人生几十年,能折腾的时间也就是40年左右,20岁开始,60来岁结束,在这40来年中,一个人难免会碰到一个甚至多个重大事件。中国发生了非常多的重大事件,1992年的南方谈话,1997年的国企改革,2001年的加入WTO制造业崛起,人口红利和城镇化催生的房地产大牛市,互联网时代的数字浪潮,等等。全世界也一样,1995年,全球超过半数的亿万富翁靠家族继承获得财富。2016年,70%的亿万富翁靠自身创业积累财富。

硅谷实验室得出的创业成功因素包括以下几个方面。

(1) 时机。

(2) 团队和执行力。

(3) 独特的想法。

(4) 商业模式。

(5) 融资。

李想有次做分享,谈到了自己的三次创业。

(1)创立泡泡网,处于 PC 时代,在三流的行业做了一家二流的企业。

(2)创立汽车之家,处于移动互联网时代,在二流的行业做了一家一流的企业。

(3)创立理想汽车,处于新智能出行时代,在一流的行业努力做一家顶级的企业。

有时候,太超前和做错事是难以区分的。索尼 1946 年成立,刚开始做了一款电饭煲,最终失败,这是因为时机不对。然后索尼靠维修收音机生存,卖过电压表和录音机。1955 年凭借在美国收集的信息,董事长井深大带领研发团队做出第一个核心产品晶体管收音机(既是高科技产品又符合时代需求)。在生产试验中,每生产 100 个晶体管,仅有 1~5 个可用,该产量远远低于商业成功要求的最低值。尽管如此,井深大依旧欣喜若狂,以他标新立异的观点来看,只要生产工艺被证明可行,提高产量的研究就会与生产同步进行。慢慢地,索尼良品率不断提升,生产出日本第一台晶体管收音机。到 1957 年,受到收音机业务的推动，索尼的营业额增长到250万美元，员工达到1200人。

～ 三 ～

准备死，争取活

如今市值千亿美元的Airbnb民宿网站的创业史值得一看。其创业团队几乎透支了所有的信用卡，以廉价的麦片粥充饥，与相关利益方不停抗争，在创业生死线上挣扎了很长时间，直到被幸运之神眷顾。

这是一个"大众创业、万众创新"的时代，可无论你想成为下一个马化腾还是只开一家咖啡店，我可以提前告诉你，两年之内倒闭是绝大多数初创企业的必然命运。有些行业，比如创新药研发、芯片设计等风险极高。项目并非线性发展，我们很难通过逻辑进行预测。并且，每一个节点都可能是决定生死的岔路口，比如三期临床试验、试生产等。在这几个节点之前，我们很难对项目的前景进行预测。这不仅需要创业者对行业有深度认知，还需要点运气。

技术的实践需要时间，在有些行业创业可能非常漫长。蒸汽机的创新思想从公元前3世纪的埃及便开始萌发，经文艺复兴到17世纪中叶的欧洲得到发展，最后在18世纪中叶的英国实现，历经约2000年。电动马达技术1880年左右就出现了，和蒸汽机相比，它的能源效率更高、成本更低，可以用多个小马达驱动单个机器，显然比工厂笨重的蒸汽机先进多了。但在1900年，美国的工厂只有5%是电动马达驱动的。很多建造工厂的创业者在做了各种可行性分析之后，还是选择老的蒸汽机，这说明改变习惯很难。据统计，美国的工厂花了40年左右的时间，才从蒸汽机转向电动马达。为什么要这么长时间？因为新技术需要一个完全不同的工厂架构来匹配。所以美国工业界花了约40年积累了足够的知识，来建造电动马达驱动的工厂。

许世友上将的三女儿许华山曾在军校读书，她遭受了许多痛苦。许华山便给父亲写信求救，希望离开军校。许世友给女儿回信，写道："既然到了军校，就要坚持到底。如果你觉得活不到毕业那一天，那么你就要准备死，争取活！"

第四课

战 略 论

"战略"这个词源于军事。这个前提很重要，它提醒我们，本质上这是个充满杀气的词。就像长津湖战役的战略：志愿军三个军围住美军一个师，打算消灭对方。战略，是一种从全局角度谋划以实现全局目标的规划。要想实现战略胜利，有时候往往要牺牲局部利益。

成长期企业战略：如何寻找战略和取舍

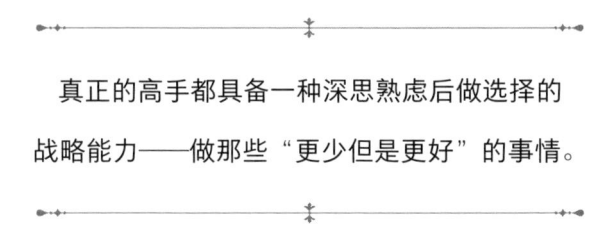

真正的高手都具备一种深思熟虑后做选择的战略能力——做那些"更少但是更好"的事情。

1. 如何寻找战略

企业的战略四部曲是"预测—试错—找破局点—All in（全押）"。

每次试错，只要试错成本不突破企业的承受底线便可，单个项目失败了不要紧，虽然损失了利益，但团队得到了锻炼，奠定了下次成功的基础。阿里巴巴第一次讨论战略是在 2002 年 1 月，主题是这一年盈利一元；第一次一本正经开战略会议是在 2002 年 11 月（从此开启正式的战略会议），这次的目标是在 2003 年成为一家市值过亿的企业；2004 年 4 月 13 日，阿里巴巴第一次尝试季度战略 review（复盘）；2005 年战略会议开了 2 次；2006 年对阿里巴巴而言是比较艰难的一年，战略会议开了 6 次。早期的阿里巴巴通过行动摸索新方向，这是第一优先级，这种方向性探索是完全值得的。

创业者应该在大方向上一次做对，在小方向上可以多做尝试。王传福大的战略是新能源，但也在小战略上不断尝试。比亚迪先后进入镍电池的无绳电话和电动工具市场，锂电池的手机市场及新能源汽车市场，几乎都是王传福拍脑袋"拍"出来的。例如，为什么先进入无绳电话市场后进入电动工具市场？因为前者对电池的要求是小电流充放，比较容易实现；后者则要求大电流充放，实现起来更难，正好匹配比亚迪不同时期的技术和制造能力。为什么要跨界造车？因为比亚迪上市获得了投资，王传福想做更大的事业，最后锁定汽车领域。这个市场太大了，市场规模约有八万亿元。为什么要做新能源汽车？因为王传福深刻意识到化石燃料终有耗尽的一天。为什么要做云轨？云轨的建造周期只有地铁的三分之一，造价是地铁的五分之一，特别适合二三线城市，也可以作为一线城市的支线。如此，既解决拥堵问题，又能实现城市电动化，这无疑是一个万亿级市场。这是一个站在炮火前的创业者不断敏锐试探的过程，一击不中，可以立刻全身而退；如果取得成功，就相当于"中彩"了。

2. 如何取舍

华为前董事、战略研究院院长徐文伟接受记者采访时坦言，华为的芯片研发历程有四个阶段，最难的是在商业上决定做不做，在技术上想尽办法来实现。

第一，所谓战略，就是寻找成为第一名的方式。

不管战略怎样，你施行了这个战略，并做到第一名，这就是一个好的战略。

学而思创始人张邦鑫说:"我们做好未来的时候,第一个想法就是要做一个小而美的公司,谨慎扩科。大家知道,扩一个科就意味着我们的收入会随之增长,但这样美好的事不要让它轻易发生,一定要延迟满足,先把产品打造到极致。当时凭借这么一股倔强的劲,我们在北京拥有五万名学员的时候,只有数学一个学科。我们把数学做到第一名才开始做英语,把英语做到第一名之后才开始做语文。"

盾安董事长冯忠波说:"盾安从1992年开始做截止阀,到2006年市场份额才成为世界第一。"创业者会慢慢意识到,任何领域的第一名都有定价权,其收入的主要来源是头部用户,因为头部用户对价格不敏感。这是行业老二、老三所不具备的能力。

第二,战略其实就是关于集中的艺术。

你总是同时在做好几件不同的事,而且每件事都亲力亲为。这样下去,你可能每件事都做得不错,但没有一件事是出类拔萃的。有些创业者喜欢不断做加法,他们焦虑地跟我说:"你看我的工作计划很满,我很忙,我也在尽心尽责。"其实他们是在回避战略问题。

借用一个名词,大部分人的人生是"虾球传"(《虾球传》是20世纪80年代的电视剧),是飘浮不定的。很多公司的"人生"也是飘浮不定的,没有聚焦点,不能持续投入或坚定不移地往前走。一旦飘浮不定,就会浪费很多精力,做许多没有意义的事。我曾经碰到一个觉得自己很委屈的教授型企业家,他的企业技术全球领先,竞争对手很弱。但弱的对手只选择了聚焦新能源汽车市场,教授型企业家的企业则是不断进入热门的领域,在每个行业都有布局,做不大,长期不温不火。2015年新能源汽车市场开始发展,那个竞争对手一直坚持深耕该领域,利润一下子增长得很快,达到一两亿元,很快就上市了。教授型企业家感到很委屈:"我也很努力,很能干,技术比它强,它能做的我完全能做,为什么它跑得那么快?"

如果穿越回去问孔子,他可能会两手一摊这么说:"你想要不惑,简单啊,做减法!"

二

转型期企业战略：面对10倍速的时代变化

英特尔的前CEO安迪·葛洛夫（Andy Grove）曾说："当小镇上新开了一家沃尔玛超市时，对那里的每个零售商来说，环境就改变了，一个巨大的10倍速因素产生了。当声音技术在电影中普及时，每个无声电影演员都经历了10倍速因素的技术革新。当集装箱装运改变了海洋运输业时，10倍速因素让世界上的主要港口重新排序。"他还认为，竞争力量的10倍速变化，技术上的10倍速变化，顾客作用的10倍速变化，供应者和互助企业的10倍速变化，法律法规的10倍速变化，都会导致行业产生战略转折。世界上不仅有竞争，还有超级竞争，10倍速就是一场超级竞争。有声电影在1927年出现，直到1931年卓别林依然声称："有声电影最多坚持6个月。"但即使是卓别林，也无法跟潮流对抗，最终他在1940年的《大独裁者》中开口说话了。

碰到10倍速的时代变化，企业该怎么办？

1. 企业可以"躺平"

从投资的角度来说，企业股票的最终买家就是它自己。企业可以让业务慢慢萎缩，不再增加资本开支，把现金流留下来，通过其他投资转型。巴菲特和芒格年轻时买入的蓝筹印花公司就是这样慢慢"枯萎"的，伯克希尔·哈撒韦公司就是这样慢慢转型成为世界上最大的金融控股公司之一的。

张化桥推荐的一本书《商界局外人：巴菲特尤为看重的八项企业家特质》，讲叙了8家美国上市公司过去40~50年内持续为股东创造超高回报率的故事。这8家公司有几个共同点，最狠的手段就是长期地、大量地回购自己的股票。例如，Teledyne在1972—1984年，从公开市场回购了自己公司90%的股票。华盛顿邮报公司仅在2009—2011年，就通过回购把股数缩减了20%。食品公司Ralston回购了自己公司60%的股份，它的CEO认为，投资自己是把握最大的投资，让一切都在掌控之中。减少股份，可以增加ROE（净资产收益率），提高资金使用效率，也可以增加每股收益和含金量。现金太多,容易造成浪费,最终导致现金流向无回报的项目。

2. 企业可以穿越战略转折点的死亡峡谷

20世纪80年代初,擅长低成本运营和精细管理的日本公司已经在存储器业务上占了上风。1984年初,英特尔的业绩全面下滑。其实英特尔早在1971年就开发了微处理器,并将其推向市场,但这只被当作副业。在公司和客户的心目中,英特尔就等于半导体存储器,脱离存储器,英特尔就没有立足之地了。当时葛洛夫和英特尔时任CEO、创始人之一的戈登·摩尔(Gordon Moore)在办公室里闷头想出路。葛洛夫望着窗外远处大美洲主题公园里旋转着的摩天轮,转向摩尔问:"如果我们下台了,公司再任命一个新CEO,你觉得他会怎么办?"摩尔不假思索地回答:"他会放弃存储器业务。"葛洛夫注视着摩尔说:"那我们自己为什么不这么做呢?"于是,葛洛夫果断带领英特尔从半导体存储器业务中退出,转型做电脑微处理器业务,总共花了3年时间,才走过战略转折点。在公司内部,直到支持存储器业务的高管离职，英特尔才放弃了这项业务，但还留了一半精力和资金用于存储器的研发，最后证明这是浪费。1992年，英特尔的微处理器获得巨大成功。

像葛洛夫这样对自己"开枪"的CEO是很少见的！他信奉"只有偏执狂才能生存"。

大多数的胜利往往并不是因为获得了反对者的支持，而是因为反对者最终都会"死"去。云南白药和泸州老窖，都是更换了管理层并做出巨大战略调整才从没落公司变为大白马股的。虽然原来的管理层有足够的能力研发新技术或推动技术变革，但终究逃不开原有的利害关系，最终失败。

≥ 三 ≤

后现代主义战略：争一世之雌雄

如何判断你的竞争对手？你可以自问：如果有一支枪，枪里只有一颗子弹，那么你会把这颗子弹用在哪一个竞争对手身上？后现代主义战略就是，无论你的竞争对手出现在宇宙的哪个角落，无论它们是强是弱，你都要残酷地消灭它们。

1. 当你有了足够的勇气时，可能就有了足够的运气

国泰君安的研究所所长黄燕铭说："作为新兴行业，有些企业家怎么都想不到，价格战竟然会波及自己的行业。他们不喜欢价格战，想通过不断研发新产品来抢占市场。我认为，研发是需要的，但是价格战已经无法避免了，必须打，而且一定要打赢。价格战是逼迫企业提高经营管理效率的外力。企业要提高原材料和劳动力组织的效能，提高内部的生产管理效率，提升拓展营销渠道的能力等。怎么才能打赢？我们可以借鉴水泥行业和家电行业。我们现在去看一些水泥行业和家电行业的龙头公司，就会发现其管理极度精细化。打赢价格战的一个核心，首先是提高管理水平，真正让自己身体棒，才不会在价格战中输。通过研发新产品去对抗，可不可以？可以，但要求是不断研发出新产品，以一个新产品替换原来的产品，年年得如此，企业会很累，而且依然无法避免竞争的升级。"

2. 永远提供最低价

苹果的一个战略错误是利润率太高，吸引了众多竞争者。贝索斯说："世界上有两种公司：一种是尽可能地说服消费者，以获得高利润的公司；另一种是拼命把价格降到最低，把利润都让给消费者的公司。我觉得这两种公司都能成功，不过我们坚定地选择做后者。"

他是怎么做的？布拉德·斯通（Brad Stone）在《一网打尽》中这样描述道："亚马逊 AWS 业务在长期没有竞争对手的情况下，主动降价 51 次。贝索斯说他不想重复乔布斯的错误——定价过高，从而使智能手机成为吸引大量竞争对手的众矢之的。"

以 1999 年 12 月的沃尔玛为例，其运营模式简单、持久、独特，管理团队卓越、诚实。当时，沃尔玛发展势头很强，持续盈利了几十年，股本回报率高达 20%。就像今天的亚马逊一样，它是令所有零售商敬畏的对手。还有什么生意，能比以超低价格销售所有人都需要的日常必需品更加坚不可摧呢？

四

战略哲学

第一,战略决心是最珍贵的果实。——梁宁

第二,最好的关于战略的定义出自经济学家托马斯·谢林(Tomas Schelling)之口。他认为,战略首先是一种行动,它能以对一个人自己最有利的方式来影响其他人的选择,以及其他人对这个人行动的预期。一旦采取了这样的行动,一个人在限制了自己行为的同时,也就限制了竞争对手的行为。

第三,战略是什么?迈克尔·波特(Michael Porter)认为战略是"放弃",杰克·韦尔奇(Jack Welch)认为战略就是"重建游戏规则",W.钱·金认为战略就是"发现蓝海",柳传志认为战略是"想清你的目的",目的决定一切。

第四,美国战略思想家特德·列维特(Ted Levitt)认为,如果你没有为客户着想,你就是没有在思考。

第五，干嘉伟说："组织能力涵盖范围很广，但对于所有公司来说，其中的战略能力毫无疑问是第一位的，包括学习、产品、技术、管理、融资、营销、文化等方面。以我的经验来看，一个创业公司只要清楚认识并建立其中最核心的3~4个战略能力，就能战胜赛道里的大多数竞争对手。"

第六，克莱顿·克里斯滕森（Clayton Christensen）提出，颠覆性技术的本质在于以新兴的、更便宜的、更简单的技术取代目前的主流技术，这些技术往往从低端市场（以更低成本满足非主流市场需求）切入，进而逐步扩展和提升档次，最终在高端市场将竞争对手击败。例如，新能源商用汽车对内燃机商用汽车的替代，激光打印机对喷墨打印机的替代等。

第七，战略是要实现某种挑战性目标的，"一流的战略、二流的执行"不如"二流的战略、一流的执行"。

第八，企业战略包含的内容既广泛又集中，从企业未来发展的角度看，战略表现为一种计划；从企业过去发展历程的角度看，战略表现为一种模式；从产业层次看，战略表现为一种定位；从企业层次看，战略表现为一种观念。此外，战略也表现为企业在竞争中采用的一种计谋。

第五课

公司需不需要使命、愿景、价值观

造物主说：总之你们要灭绝，选个新的身份吧。恐龙想了想，说：鸟。

1945年6月，22岁的基辛格中士被任命为一支美国作战队的指挥官，负责德国黑森地区的安全和重建工作。途经家乡菲尔特时，他遇到幸存的犹太人同学雷斯纳尔。雷斯纳尔的父母和当地的5万名犹太人死在煤气室里。基辛格花了两天两夜倾听了雷斯纳尔的悲惨故事，在雷斯纳尔准备去投靠自己的姑妈时，基辛格给雷斯纳尔的姑妈写了封长信，说道："集中营里满是肮脏和疯狂，人命如草芥，活在其中必得在精神和意志上有超人般的能力，才能获得求生的意志。知识分子、理想主义者、德行高尚者统统没有机会活下来。一旦下定决心想要活命，就必须抱定一个目标坚持到底，这些对生活在美国国内、受到保护的人们而言都是无法想象的。要想活命，就不能为凡夫俗子的道德纲常所羁绊，必须抛开常人的道义标准，不顾一切地保住自己。只有通过撒谎、欺骗，想方设法填饱肚子才能求得苟活。老者、弱者往往没有机会。"

后来的美国国务卿基辛格的这封信触及一个在他今后

职业生涯中反复出现的主题,即道德和现实之间的张力问题。至少在他自己看来,这一张力是存在的。他在冷酷的现实主义者(大屠杀的幸存者)和德行高尚者(在残酷环境中必死无疑的人)之间进行对照,并提出:生存有时要求人们放弃道德准则,这对在保护伞下生活的人们来说是无法理解的。

第一,什么是使命、愿景、价值观。

使命是企业"过去为什么而生,今天为什么而存在,未来为什么而发展"的道德理由,是企业存在的意义和价值;愿景是企业阶段性的目标,是五年、十年、二十年甚至更长时间以后企业的样貌;价值观就是企业成员需要共同遵守的、倡导的行为准则、底线和信条。也有人戏称,价值观是企业忽悠员工的说辞,使命是企业忽悠客户的说辞,愿景是企业忽悠社会的说辞。

在中国,阿里巴巴在马云时代是最深刻理解和贯彻使命、愿景的大公司之一。阿里巴巴在2019年9月公布了新愿景和新价值观,其使命一直未曾改变:让天下没有难做的生意。新愿景为:活102年,我们不追求大,不追求强,我们追求成为一家活102年的好公司，到2036年，服务20亿个消费者，创造1亿个就业机会，帮助1000万家中小企业盈利。旧愿景为：我们旨在构建未来的商业基础设施，我们的愿景是让客户相会、工作和生活在阿里巴巴，并持续发展最少102年。新价值观为：客户第一，员工第二，股东第三；因为信任，所以简单；唯一不变的是变化；今天最好的表现是明天最低的要求；此时此刻，非我莫属；认真生活，快乐工作。旧价值观为：客户第一，团队合作，拥抱变化，诚信，激情，敬业。

使命要"真"，愿景要"实"，价值观要"信"。大家其实没有注意到特斯拉的使命，但它写得很清楚：加速世界向可持续能源转变。它是一家能源公司，汽车只不过是其中一个方面。我们还可以参考一些世界100强公司的使命、愿景和价值观。

微软

（1）使命：予力全球每个人、每个组织，成就不凡。

（2）愿景：计算机进入家庭，放在每一张桌子上，让更多人使用微软的软件。

IBM

（1）使命：

① 带动人类的进步。

② 以人为核心，向所有用户提供最优质的服务。

③ 为职工利益、为顾客利益、为股东利益三原则。

④ 尊重个人、服务、完全主义三信条。

（2）价值观：成就客户，创新为要，诚信负责。

苹果

（1）使命：推广公平的资料使用惯例，建立用户对互联网之信任和信心。

（2）愿景：让每个人拥有一台计算机。

（3）价值观：为大众提供强大的计算能力。

索尼

（1）使命：体验发展的技术，造福大众的快乐。

（2）愿景：为包括我们的股东、顾客、员工，乃至商业伙伴在内的所有人提供创造和实现他们美好梦想的机会。

（3）价值观：

① 体验以科技进步、应用与科技创新造福大众带来的真正快乐；提升日本文化与国家地位。

② 愿为先驱，不追随别人，但是要做不可能的事情。

③ 尊重、鼓励每个人的能力和创造力。

宝洁

（1）使命：

① 我们提供能改善全球消费者生活的优良的和有价值的产品。

② 消费者回报我们领先的市场份额和增长的利润。

③ 这使我们的员工和股东受益，也使我们所在的地区繁荣昌盛。

（2）价值观：诚实正直，领导才能，主人翁精神，积极求胜，信任。

可口可乐

（1）使命：我们致力于为公司股东创造价值，不断改变世界。

（2）愿景：通过生产高质量的饮料为公司、产品包装伙伴及客户创造价值，进而实现我们的目标。

2019年4月23日是贝壳找房成立一周年的日子，贝壳找房CEO彭永东首次对外公布了贝壳找房的"终极算法"——企业的使命、愿景与价值观。使命：有尊严的服务者、更美好的居住；愿景：服务2亿家庭的品质居住平台；价值观：客户至上、诚实可信、合作共赢、拼搏进取。

2020年接手贝壳找房董事长职位的彭永东接受《晚点Late Post》采访时说："使命其实都是在自己做事的过程中不断变大的。"彭永东记得自2008年认识左晖起，左晖看待这门生意的视角自始至终都没有发生变化。但在这十几年里，左晖关心的范围越来越广，从最初关心链家这一个组织，到关心整个行业，使命感逐渐变强。所谓鸿鹄之志，其实是大雁和天鹅在飞得越来越高、越来越远的过程中，逐渐进化出来的。

在好未来创始人张邦鑫的一次演讲中，他坚定认为，价值观决定商业模式。一家企业做强靠产品，做大靠运营，本质靠组织。"做久要靠文化，只有使命、愿景、价值观才能支撑一个企业做强做久，它是业务持续成功的隐藏已知条件。"他称，自己用很长时间才想清楚价值观这件事重不重要及有多重要。在企业成长过程中，价值观其实是一个加速度。当企业只有100人时，抓一抓纪律，就能把业务做起来。但从100人变成2000、3000人时，企业开始舍命狂奔，在这个过程中，如果价值观不清晰，队伍随时就有可能会散。相反，如果价值观明确，就会让企业如虎添翼，从茫茫人海中选出优秀、匹配的人形成合力，过滤那些跟企业气场不合、不匹配的人。

第二，理想的使命、愿景和价值观，促使创始人与企业人剑合一。

我的朋友老易说："使命感从哪里来？坚持不懈地阅读？长辈的影响？更高维度智慧的开示？还是自身际遇的升华？我不知道，或者与这些都有关。但有一点是肯定的，它来自少年时代。"耶鲁大学知识社会学教授卡尔·曼海姆（Karl Mannheim）的"少年镜像"理论认为，一个人在成长阶段中所触及的"人格崇拜"或"精神依赖"将伴随其一生。使命、愿景和价值观是一种浪漫主义、一种理想主义、一种人文情怀，公司的创始人把自己的情怀融进公司，让公司人性化、温情化、意义化。作家林清玄曾经在去世前的采访里被问道："如果要给现在的年轻人提成长建议，你最想对他们说什么呢？"林清玄回答道："我最想讲的就是，你要选择生命里那些重要的事。一是要有浪漫精神。有一首诗说'琴棋书画诗酒花，当年件件不离它。如今事事都更变，柴米油盐酱醋茶'，为了避免从一个浪漫的人变成世俗之人，你要有浪漫精神。二是要有理想主义的追求。你要看到山顶上有一栋很美的别墅，将来你要住这样的别墅，虽然你可能做不到，但是你要有这样的向往，而不是只看到一个脏乱的地下室，将来要住这个地下室。这就是理想主义。三是要纯情，要有纯情之心。人生大部分的苦难来自不够纯情。我的一本书叫作《持续做一个深情的人》，其中有这样一种观点，你的情感要保护好，因为这比世俗的成功还要重要。"

浪漫主义就是使命，理想主义就是愿景，情怀就是价值观。

第三，公司成功不一定要有使命、愿景和价值观。

使命是企业存在的价值和意义，但是谁说人生一定要有意义呢？《圣经》里写道：Everything is meaningless（所有事情都是无意义的）。

科学研究并没有证明有使命、愿景、价值观的公司一定会战胜没有使命、愿景、价值观的公司。使命、愿景、价值观只是管理手段之一。公司千千万，由于行业不同，取得成功的要素也不一样。公司有可能销售一枝独秀就能成功，有可能技术做到无可取代就能成功，还有可能把握风口就能成功，并不必然需要使命、愿景、价值观。但令企业家迷惑的是，无论商学院还是成功的跨国公司都在宣传使命、愿景和价值观的重要性，殊不知，这些道德要求可能没有那么重要。成功的跨国公司确实都有使命、愿景和价值观，但大多数只是挂在墙上，不要说员工，连高管都可能不相信。但作为大公司，没有道德要求将无法面对公众舆论，所以大公司须借光而行。

很多公司都在讨论使命、愿景、价值观，但真正能够知行合一的公司并不多，阿里巴巴、迪士尼、GE（通用电气）、谷歌和华为在这方面做得很好。阿里巴巴在马云时代是知行合一的，甚至可能是全中国贯彻使命、愿景、价值观最用心的公司之一；而逍遥子时代价值观在慢慢"边缘化"。迪士尼的使命是"让世界快乐起来"，所以迪士尼招收的人、做的事情、做的产品，都是以实现该使命为目标的。GE 的创始人之一是托马斯·爱迪生（Thomas Edison），公司最初的使命是让全世界亮起来，全公司所有岗位的员工都理解且践行这个使命，因此电灯从最早的只有几分钟使用寿命到了今天让全世界灯火通明。谷歌的十条价值观里有一条是"DO NOT BE EVIL"（不作恶），其已深深融入谷歌的文化中。华为有些特殊，任正非认为，《华为基本法》颁布之日就是《华为基本法》过时之日。今天看来，他说的是有道理的。任正非既可以把华为当成恐龙，也可以把华为当成鸟，甚至为了活下来，还可以把华为当成蚂蚁。华为有使命和愿景，但没把它们当回事，以凝练的价值观——"以客户为中心,以奋斗者为本,坚持自我批判和长期持续艰苦奋斗"为核心。

事物都有两面性,尤其在社会环境发生巨变的时刻。所以说,使命、愿景、价值观既有让公司成长的一面,也有阻碍公司成长的一面。所以,要保持灵活,要谦虚谨慎。

君子不惑。

中国人民大学教授顾海兵提出，人，最重要的是命。多数普通人有性命，共一条命；少数人，优秀的人不仅有性命，还有生命，共两条命；极少数人，最优秀的人，不仅有性命和生命，他们还有使命，共三条命。

第六课

为什么要做第一

第一个登月的人是阿姆斯特朗，第二个登月的人是谁呢？

当年林林总总的视频网站遍地开花，现在只有优酷、土豆、腾讯、爱奇艺苦苦挣扎；原来的3000多家团购网站最后只剩下大众点评和美团；网约车公司大战之后，只剩下滴滴出行。在一个系统里，头部吸引的注意力占40%，第二名占20%，第三名占10%，其他企业只占剩下的30%。如果对新闻报道中"第一"和"第二"这两个词语的使用频率进行统计，就会发现"第二"和"第一"相差得太多，"第二"甚至没有"倒数第一"的使用频率高。

第一，比最好还要好。

软银的孙正义坚持认为公司必须有强调第一的文化，满足于不是第一的文化是一种非常负面的文化。

个人第一名和组织第一名的社会心理学基础不一样。贝索斯小时候喜欢看书，求胜心很强，一定要拿第一名。撒切尔夫人也总是要争第一名，但是其他拿不到第一名的同学也活得好好的。明代思想家吕坤在《呻吟语》中把人的资质分为三等：深沉厚重，是第一等资质；磊落豪雄，是第二等资质；聪明才辩，是第三等资质。个人的排名不会对生存有致命影响，而企业不一样，有时候企业没有争到第一名，就意味着死亡。

开国大将粟裕将军有一句名言："打胜仗是解决思想问题的最好方法。"一个企业争夺第一名的目标是一种浓缩版的 MTP（Massive Transformative Purpose，宏大变革目标）。奇点大学的目标是"为 10 亿人带来积极的影响"，Space X 的目标是"去火星，让人类成为跨星球物种"。这些目标就是 MTP。《指数型组织》的作者认为，足够鼓舞人心的 MTP，本身就是一种竞争优势，它会激励人们创造出社区、群体和文化。有了 MTP，优秀的人才和优质的资源都会自发聚拢到你的身边，而且 MTP 有精神光环，能够激励团队，就算不赚钱，团队也会坚持把这件事做下去。这里引出一个比较有意思的问题：人为何那么在乎社会认可？答案在名利之中，名高于利。

第二，在有些行业，只有第一名才能生存。

人类离开自然竞争几千年，已经忘记这个世界有多么残酷了。

《天演论》的作者托马斯·亨利·赫胥黎（Thomas Henry Huxley）认为，人类如同其他物种一样也处在进化的洪流中，在水中不停地拍打、挣扎，努力使自己的头露出水面，竭力思索自己从哪里来，又将到哪里去。根据复利计算公式可知，即使某种生物与竞争对手的单代优势仅为1.05∶1.00，那么只需要经过不足14代，其后代的数量就会是竞争对手的两倍。智人已经进化了数百万年，大约10万代，取代了尼安德特人。

在经济活动中，有些行业属于"欧洲城堡"模式，大家都可以生存；有些行业属于"秦灭六国"模式，必定会一家通吃。论搜索引擎，谷歌全球通吃，中国市场百度通吃；论社交工具，在美国 Facebook 一统天下，在中国微信占碾压优势。人们对于呈指数级增长的事物，习惯用线性思维去揣测，但是过了临界点，第一名的进步就会十分显著。这种线性预测倾向也是人类倾向于高估短期效应、大大低估长期效应的原因。现在我们可以发现，有了 AI 以后，垄断会更加明显。因为 AI 的算法会越来越精准，推荐会越来越精准，最后可能变成"7-2-1"的局面，即第一名占 70%，第二名占 20%，剩下 10% 就无所谓了。这不是可口可乐、百事可乐和其他公司互相竞争的世界，这是赢家通吃的世界。第二名只能"干瞪眼"，第三名则直接出局。

有人向王兴阐述平台模式的构想，王兴总会问："这是'陆战'还是'海战'？"王兴认为，"陆战"是拉锯战，落后是暂时的，部队被打到山沟里去，将来还可以反攻；但在"海战"中，失利则意味着被一炮击沉。

第三，从竞争角度看，第二名也是失败者，是排名第一的失败者。

企业的战略问题主要有两个：第一个是选择哪个业务作为企业的发展方向，第二个是怎么才能在这个业务中达到第一或者成为某个方面的第一，其他都算二级战略问题。北京大学的张邦鑫在做好未来的时候，第一个想法就是要做一个小而美的公司，谨慎扩科。好未来在北京拥有五万名学员的时候，只有数学一个学科。好未来把数学做到第一名才开始做英语，把英语做到第一名之后才开始做语文。

资本主义的动力学使得任何能赚取高额回报的生意"城

堡"，都会受到竞争者重复不断的攻击。

商业永远处于变化之中，不管是在增量中寻找市场，还是去抢夺别人的市场，都有很多竞争空间可以容纳创业者。

法国经济学家弗雷德里克·巴斯夏（Frédéric Bastiat）认为，竞争是人们对自由的另一种称呼。竞争有时会令人不适，但同时也促成自我超越。

竞争有七问。

（1）竞争对手有哪些？

（2）竞争表现在哪些方面，是功能、价格方面，还是渠道方面？

（3）竞争对手产品的哪些方面让你心动，哪些方面让客户心动？

（4）客户凭什么选择购买我们的产品？

（5）竞争对手的优势是什么，是产品功能、特色营销，还是服务？

（6）竞争对手的宣传口号是什么？我们的宣传口号是什么？

（7）我们能否提供更多的功能、更高的性能或质量，以及更低的价格？

从投资人的角度来说，竞争比垄断好，因为靠竞争在市场中胜出的公司，其投资价值高于靠垄断获利的公司。原因在于以下两点。

第一，靠竞争胜出的公司，不仅具有更强的盈利能力，而且其在竞争过程中形成的竞争意识、竞争文化和组织能力，使公司处于可持续发展的状态，更具有长期投资价值。

第二，垄断型企业大多与政府掌控的相关资源或政策管制的公用事业有关。这类企业的盈利更大程度上取决于政府的政策，管理层并没有太多自我驱动，企业的效率和组织能力较为低下。

> 第二名除了足够专注，就是熬时间，
> 等待对手犯错或等待属于自己的机会。

《好战略，坏战略》指出，在乔布斯回到苹果后，他通过三年时间把苹果救活了。有一天，理查德·鲁梅尔特（Richard Rumelt）问乔布斯："乔布斯先生，你回苹果后措施都很得力，但恕我直言，这些措施能让苹果活下来，但并不能让苹果重新崛起。"乔布斯回答道："是的，我在等待机会。"是啊，即便是伟大的乔布斯，也在等待机会。《射雕英雄传》中的周伯通说："谁的武功最高？活得最久的人武功最高，只要熬着，熬到和你武功相当的高手都死了，你就是天下第一了。"创办企业亦如此。一个企业活了100年，总能遇到一两个机遇，即使企业不想发展，也有可能成为细分市场的老大。

大部分竞争领域，要向顶级看齐，科技、经济都如此。唯有政治竞选例外，因为大部分群众是乌合之众，容易受情绪或者集体无意识的影响。例如，统计学家发现，美国前任总统唐纳德·特朗普（Donald Trump）粉丝的半衰期是12.6年，那些通过情绪打动选民，而不是靠理智说服选民的候选人更容易在竞选中胜出。

少年子弟江湖老，多少青山白了头。

第七课

不懂财务的创业者
不是好CEO

1983年，33岁的王石从公务员岗位辞职，到深圳特区发展公司谋求发展。

在深圳，王石做了人生第一笔生意：卖玉米饲料。20世纪80年代初期，正大康地是中国第一家外资企业，其内部所需的主要原料是玉米。而这些玉米大部分依靠进口，运输过程十分麻烦。于是，王石发现了赚钱的机会，他帮正大康地解决运输问题，深圳特区发展公司为此成立了饲料贸易组，王石任组长，实行独立核算。

第一单的30吨玉米收款，王石竟然骑上自行车带着两个条纹大口袋去正大康地收货款，一路上还担心现金被劫。最后正大康地的经理向王石要发票，王石不知发票为何物，更不懂对方为何不给自己现金只给了一张"纸条"——银行转账单。这就是财务知识严重匮乏。后来，王石谈到这次经历，他说："当时我深感业务知识匮乏，尤其在财务方面，我是个门外汉。"此后的日子里，王石每天晚上下班后都要看两个小时的财务书，同时进行实际操练，学习记账，并且与财务的账目比对。三个月后，他已经可以无障碍地阅读财务报表了。

第一，创业者要把财务意识融入血液。

对于小型创业企业而言，因为不像中大型企业那样有精细的分工和专业的人才，所以老板学习财务知识十分重要。如果企业做大了，老板还需要具备搭建财务模型的能力，来预测企业未来一段时间内的财务形势，也就是通常说的财务预测。

1950年3月11日，长江塑胶厂正式开张，因为资金有限，李嘉诚不得不处处节约成本，买的机器是欧美已经淘汰的第一代压塑机，雇的第一批工人很多根本没有实际操作经验，经过简单培训便上岗了。为了省钱，李嘉诚身兼数职，除了老板，同时还是操作工、技师、设计师、推销员、采购员、会计师、出纳员……

知乎上有位创业者讲述了自己的故事。

我刚开始开公司时，找了一个代理公司做账。员工去外面吃了饭，开了发票来报销，我同意了，但是一到代理公司，报销流程就被打回来了，因为税务规定不能报这么多。有一次我的公司获得一笔政府的20万元专项资金，收钱的时候，我就开了发票给对方，代理公司立刻要求我缴税，包括营业税和预交所得税，一下要缴好几万元。我就急了，不再用代理公司，而是找了一个老会计，老会计信誓旦旦地说没有问题。后来补贴我的单位来查账，我本来以为做得很好，但是查账的人看了老会计的账，说："你这样做账，反倒变成我们现在欠你钱了。"

我无地自容，痛下决心，自学会计。我从网上找了一个会计软件，照着前面代理公司做过的、老会计做过的账，把正确的账照搬，错误的账看书改，上网查，向人请教，用了一星期，把账重新做了一遍，同时把公司的财务状况搞清楚了。对那20万元支出，我列了一张表格，分析了各方面支出是否合理，发现可以有很大的改进空间，有些地方根本不需要花钱，有些地方需要预留一点钱，等等。我这才发现公司财务如此重要。后来，在融资的过程中，我学习如何做预算，如何设计股份比例，如何谈判，如何进行财务安排，我对财务越来越感兴趣，这种兴趣绝不亚于技术开发和创意设计。

创业大多为了赚钱，这是个天然需要懂财务的事情。如果你不想被不专业或者别有用心的财务经理忽悠，那么你就应该至少具备一个合格小会计的能力。你可以读个会计班或者报考注册会计师、注册税务师，考试过不过不重要，关键是在这个过程中，你能系统性地掌握财务知识。你也可以读个 MBA，很多优秀 CEO 的财务知识都是读 MBA 时恶补的。

石油大王约翰·洛克菲勒（John Rockefeller）16 岁进入休伊特—塔特尔公司，成为一名复式簿记员。这是他生意生涯的开端。经济学家约瑟夫·熊彼特（Joseph Schumpeter）认为，资本主义起源于复式记账法，洛克菲勒是复式记账法的高手。

第二，不懂财务的创业者有什么风险？

公司被投资方看好，但在财务尽职调查时发现，公司只有代理记账，所有的开支和收入都由创业者个人账户进行来往。

比如老板开了一家美容院，用老板的话来说便是："感觉美容院一直是盈利的！"老板不知道卖掉的美容卡是预收款，而不是利润，最后导致窟窿越来越大。

有的企业老板会做两套账，但为了上市合法化，老板跑到税务局去补税，吃了一张行政处罚，还被告知企业三年内无法申报上市。

以上的例子就是不懂财务的创业者遇到的事情。

人们总是在逃避命运的途中，与注定的命运不期而遇。虽然说作为老板（特别是初创企业）不用把太多精力放在财务管理上，但如果完全不上心，只把财务工作交给财务人员或者代理公司，一旦出了事情，老板逃无可逃。

如果创业者没有财务意识，日常经营中就容易出现多种财务问题。

（1）现金流易断，导致老板永远在向朋友借钱的路上。

（2）公司财务和个人财务混淆，创业者随意将公司现金用于家庭消费，导致公司财务状况严重不规范。

（3）触犯税务法律，如买卖发票、买卖承兑汇票、伪造单据、虚增成本、偷逃个税、骗取出口退税……每年因为不懂财务方面的法律而被判刑的老板不计其数。

（4）有些老板不知道如何管理财务人员，更不知道财务的猫腻在哪里。比如A股的上市公司或者国企财务总监往往是银行的贵客，有可能在贷款和存款利率上"揩油"。

第三，精通财务的企业家如何行事？

高毅资产的王世宏表示，读了迈克尔·波特（Michael Porter）的《竞争战略》和《竞争优势》，企业家可以学会如何定性地看待一门好的生意；再阅读《财务管理》相关的图书，企业家就能进一步掌握从内部收益率和资本回报率的角度去定量分析生意的方法。面对一门生意，首先，要看现阶段生意的内部收益率是多少；其次，在国际上寻找类似的生意，了解不同国家的资本回报率；最后，研究什么样的竞争环境导致不同国家的资本回报率不同，从中了解什么是好生意，不同的生意能够提供多少回报，从长期看这个生意能提供多少回报。

1991—1999年任美国吉列剃须刀CEO的阿尔弗雷德·泽恩（Alfred Zeien）曾把"研发、资本投资和广告"称为吉列的增长驱动器。由此，在泽恩任期内，吉列市值由60亿美元增至约600亿美元。

1991年吉列董事会成员巴菲特面试了泽恩，泽恩回忆说："当巴菲特为了改变吉列的处境与我面谈时，我也跟他讲了同样的想法。我已经对吉列进行了初步的研究，认识到了一些主要问题，但我也爽快地承认自己不是专家。巴菲特问，要是我在吉列我会怎么做。我告诉他，我会像自己以前在其他消费品企业时一样，首先从损益表的顶部抓起，加快营业收入的增长；然后着眼于损益表的中部，控制成本，促进节约，对研发、营销及其他提供品牌支持的领域加大投入；这样，最终的结果是损益表底部盈利数字的增长。听了我的想法，巴菲特很高兴。"

1992年，马斯克在美国沃顿商学院学习经济学，在此学到的财务知识为他日后在各创业项目中出色地发挥财务能力打下了坚实基础。他在大学时撰写了一篇论文，涉及他最喜欢的主题——超级电容器。这篇论文不但获得"分析得非常透彻"的评价，而且马斯克本人也被认为具有"丰富的财务知识"。

2007年，当审计师沃特金斯揭露了特斯拉Roadster跑车的真实成本时，马斯克认为CEO马丁·艾伯哈德（Martin Eberhard）在管理公司方面出现了严重失误，艾伯哈德竟然任由成本飙升。为降低公司生产Roadster的成本，马斯克要求员工在每周四早晨7点开会，审阅最新的原材料账单。他们必须了解每个零件的价格，然后制订一个合理的计划让价格变得更便宜。例如，如果一台发电机在上一年12月底的价格为6500美元，马斯克希望它的成本能在次年4月降到3800美元，他要求公司每个月都要对这些零件的成本进行分析和规划。

有人问任正非，华为成功的核心是什么。任正非回答道："是财务体系和人力资源体系。"

举个例子，华为虽然从2003年就开始做手机了，但是直到2014年，才在高端市场出现爆款机型。2014年，华为推出两款手机Mate 7和P7，实现高端逆袭。2015年，华为全球智能手机发货量达到1.08亿台，市场份额达到9.9%，坐稳全球前三。任正非从财务角度谈了他对手机业务的看法，他说："的确，华为手机业务发展得很顺利，也非常好。但对于华为而言，主航道外项目的衡量，还应以业绩为主。对于主航道外项目的衡量，还需要一个更重要的维度，那就是项目本身要达到华为对盈利的要求，以及正现金流的要求。如果在约定的时间里，达不到这两点，不管这个项目有多大的影响力，没有达成盈利预期，没有正现金流，也是会被关闭的。"企业必胜的信心不能建立在远见和长期的预期中，而应建立在真实的绩效基础上。

第四，投资人如何看待财务指标？

投资人调查一家企业，第一层是查看产品和财务报表。第二层是考察竞争格局、企业地位，以及研发投入等。第三层是研究企业的组织体系、企业治理方式、企业家精神。在第一层查看财务报表时，要先看货币资金，再看应收和存货，以及债务结构和资产结构是否匹配和合理，比如中国的所有上市公司资产负债率平均在48%以下，其他应收款（保证金、关联方借款）最好不要超过总资产的5%，查看其他应收款明细可以判断一家企业是否规范。

巴菲特是资产负债表高手。

首先，讲净资产收益率。巴菲特1977年发表文章提出，企业的净资产收益率从长期看是稳定的，美国的这一数字保持在12%左右。但当通胀来临时，要扣除通胀率。巴菲特1988年投资可口可乐时，可口可乐的净资产收益率为33.6%。巴菲特曾说："如果只能选择一个指标来衡量公司经营业绩的话，那就选净资产收益率吧。"芒格说："从长期来看，一只股票的回报率跟企业发展是紧密相连的。如果一家企业 40 年来净资产收益率都是 6%，那么长期持有 40 年，你的年均收益率不会和 6% 有什么区别——即便你当初买的时候捡了便宜。如果该企业在 20～30 年间净资产收益率都是 18%，即便你当初出价过高，回报依然令你满意。"

其次，讲毛利率和净利率。茅台的毛利率是 91%，而五粮液的是 74%，所以茅台的股价和市值就比五粮液高得多；2018—2020 年成长期的老板电器毛利率为 57% 左右，比格力电器的 31% 和美的电器的 25% 高太多。可能一个重资产公司拿到 30%、40% 的净利率，才相当于一个轻资产公司拿到 10%、20% 的净利率。例如，台积电的净利率为 35%，但净资产收益率只有 20% 出头；上海机场的净利率为 45%，但净资产收益率只有 16%。这些都是顶级的重资产公司，但它们的净资产收益率和一些比较优秀的轻资产公司差不多。

最后，高成长与确定性。比每股收益更重要的是净资产收益率，比利润更重要的是经营现金流，比财报更重要的是商业模式，比低估更重要的是成长，比成长更重要的是确定性。2020 年，美国排名前 10 的 SaaS 公司普遍具有二级市场投资人喜欢的三高特征。

（1）高成长：2015—2019 年的 Sales CAGR（销售复合年增长率），归母净利率高达 48%，ZOOM 更达到 139%。

（2）高毛利：平均毛利率为 74%，Adobe 达到 85%。

（3）高稳定性：用户黏性高，用户流失率大多低于 5%（除了免费用户较多的 ZOOM 和 WIX）。

第五，对没有增长的企业该怎么估值呢？

在《投资的本源》一书中，作者计算了企业连续 6 年没有扩大经营规模，每年盈利，但是净利润没有增长的回报率：年复合收益率 12.08%，取倒数结果为 8.27 倍市盈率，这和格雷厄姆公式中的 8.5 非常接近。

并非所有影响价值的因素都记录在企业财务报表中：存货可能会过期，应收账款可能无法收回，负债有时并未记录在内，资产价值可能多报或少报。而且在不同的企业中，存货所代表的意义是不一样的，比如面包企业的存货时间长了，产品就会变质，乃至产生负作用。而白酒厂家，存货是不增加的，对企业的价值就会产生正向作用。

巴菲特的老师本杰明·格雷厄姆（Benjamin Graham）认为，在宏观角度下，在通胀时，拥有大量存货可能有很多好处；在通缩时，存货太多不一定是好事。

第六，面对现代社会的复杂性，创业者需要有多重能力。

刘擎教授说："现代社会的复杂性，是一次人类迈向现代文明的出走，如何才能在这样一个时代安身立命？"

现代科学始于牛顿。假设以1700年作为现代科学的开始，人类的知识一直呈指数级增加。在科学方面，现在一个中学生的知识可能就超过了亚里士多德。牛津大学教授詹姆斯·马丁（James Martin）在著作《2012来临，我们如何自救》里测算，人类的知识在19世纪每50年增加一倍，20世纪初每10年增加一倍，进入21世纪，许多学科的知识更新时间已缩短至2~3年。

> 在如今这个时代，你必须不停地奔跑，
> 才能留在原地。

伊迪丝·彭罗斯（Edith Penrose）在《企业成长理论》中提到一些问题：是否存在限制企业规模和企业成长的因素？如果存在的话，包括哪些？她发现了两个因素，其中一个就是管理的能力。有证据表明，随着时间的推移，对这个能力的要求更高了，因为世界 500 强公司的平均员工数量几乎增加了 3 倍，从 1955 年的约 16000 人变为 2003 年的将近 48000 人。

香港科技大学李泽湘教授总结了科技企业创业成功的共性：领头人需具备综合素质。在智能硬件方面，领头人一定要有混合式的交叉背景，他不但要懂机械和电子，还要懂软件和设计；在管理方面，他不但是产品经理，还可以是市场经理、人事经理、运营经理。虽说人无三头六臂，但是要成为硬件领域创业公司的领头人，这些是必备素质。

> 财务能力对一个创业者来说，
> 更应该是一个元能力。

大部分的恐惧与懒惰有关。学习财务知识很简单，90%拒绝学习的人要么懒惰要么嫌麻烦，其实你只要稍微用点心、努点力，就能比大多数人做得更好，从而享受滚滚而来的勤奋红利。蔡康永说："15岁觉得游泳难，你放弃游泳，18岁一个你喜欢的人约你去游泳，你只好说'我不会'。18岁觉得英文难，你放弃学英文，28岁出现很棒但要会英文的工作，你只好说'我不会'。人生前期，越嫌麻烦，越懒得学，后来就越可能错过让你动心的人和事，错过新风景。"

芒格说："假如有20种相互影响的因素，那么你必须学会处理这种错综复杂的关系，因为世界就是这样的。但如果你能像达尔文那样保持好奇心并坚持循序渐进地去做，那么你就不会觉得这是一个艰巨的任务，你将会惊讶地发现自己完全能够胜任。"

明白了道理不是终点，而是起点。

希望有一天你不输于《火星救援》里的马克·沃特尼：即使他独自一人被困在遥远的火星，剩余的补给远远不够支撑到救援抵达的那一天，他还是把所有的食物一份一份地分好，计算自己还需要种多少土豆，然后凭借自己的多重能力——植物学家和机械工程师背景，成功返回地球。

第八课

资本家赌未来,企业家赌产品

任正非曾说,客户需求是一个哲学问题,
并非客户提到的就是需求。

我们首先要"决定"世界上最好的产品是什么样子的，然后要比它做得更好。

把一个产品做到八分好也许是因为利益，但是把产品做到极致一定和利益没关系。IN-N-OUT 的汉堡很好吃，价格也公道。这个公司很有特点，如果留意一下，你会发现饮料杯子或其他盒子的底部都写着一行小字，如 John 3:16。你知道它的意思吗？ John 3:16 意为《约翰福音》第 3 章 16 节。这是新约的内容："神爱世人，甚至将他的独生子赐给他们，叫一切信他的，不至灭亡，反得永生。"（成功的公司一般都拥有强大的价值观。）

我们生命的路径都写在自己的内心，宿命的星辰也在那里恒久闪烁。

看看那些成功的平台型公司，

哪个没有"王炸"级别的伟大产品奠基？

在消费电子产品的历史上,有三家极为重要的公司:其一是博朗电器,20世纪50年代是其黄金时期;其二是索尼,20世纪七八十年代是其黄金时期;其三就是乔布斯的苹果。它们与其他的电子产品公司有着显著不同。从用户角度来说,就是产品设计得好,细节很到位,经常让人惊喜,而这三家公司的创始人都兼具文科生和理科生的感性与理性。

2014年,扎克伯格开出了190亿美元的天价收购WhatsApp这个产品,这个价格是腾讯开出价格的两倍,最终Facebook收购WhatsApp,腾讯则遗憾错过。

WhatsApp在卖给Facebook以前,月活跃用户达到了5亿人。WhatsApp是人类过去150年中驿马快信、电报、航空信、电话、电子邮件链条上的一环,是个人通信的完美版。即便按照世界上顶级科技公司的标准,WhatsApp也称得上精益求精。其仅有32名工程师,相当于1名工程师支持1500万名用户,这惊人的比例在互联网界闻所未闻。这个传奇般的团队搭建的服务稳定、低延迟的App,每天以Erlang编程语言跨越7个平台处理500亿条消息,且保持

99.9% 的正常运行时间。

腾讯虽然错过了 WhatsApp，但其本身也是"王炸"产品的集大成者，滴滴出行的程维就认为《王者荣耀》十分成功，滴滴出行应该向它学习。

2015 年 11 月 26 日，《王者荣耀》正式登陆 iOS 和安卓应用商店，2 个月后日活跃用户突破 1000 万人。到了 2017 年 3 月，《王者荣耀》的月活跃用户达到 1.6 亿人，比《开心消消乐》多 3000 万人，成为当之无愧的第一手游。2020 年春节，《王者荣耀》的日活跃用户最高达到了 9535 万人，接近 1 亿人，在除夕当天流水超过 20 亿元。《王者荣耀》成功的背后有各种各样的内因和外因：团队的努力、流量的倾斜、手游市场的爆发、电竞产业的增长等。

首先，《王者荣耀》的上手门槛很低，腾讯把它适配到手机上，进行了极致的简化，将产品门槛降至极低，充分利用了人们的碎片化时间。其次，基于腾讯多年的经验，《王者荣耀》背后的运营体系几乎是当时的最高水平，包括等级、组队、商业化、任务等子系统。抽象来看，其设计逻辑都很完备，数据驱动很科学。最后，腾讯强大的渠道能力也是《王者荣耀》成功的关键要素。《王者荣耀》成为一个现象级产品，必定是天时、地利、人和都占了。

消费品也是伟大产品的孵化营。

经济学家马光远曾调侃道："代表中国财富的并非大数据等，而是普普通通的'四瓶水'。"这里的"四瓶水"，指的就是茅台、金龙鱼、海天酱油及农夫山泉。这些产品的成功，可能源于"偶然"的总和。有时针对某些产品的决策来自遥远的过去，也许当初做决定的人已不在公司任职。有时单纯的运气也和正确的决策一样，都能带来同样的正面结果。雷诺兹-纳贝斯克公司的首席执行官罗斯·约翰逊（Ross Johnson）就曾经开玩笑说："天才发明了奥利奥，而我们则负责继承'遗产'。"

产品力必须体现在涨价能力上，否则高端将变成中端，中端将走向低端，最终会被消费者抛弃。消费者看似喜欢便宜的产品，其实不然。

可口可乐专注于饮料行业，如今它拥有500多个品牌和3500多种饮料。可口可乐所取得的巨大成功，彰显了文化根源差异下的人类共同体验。可口可乐曾经的总裁唐·基奥（Don Keough）对记者说："许多社会学家指出文化存在差异，但无论我走到哪里，男孩和女孩都会约会，恋爱，结婚生子，参加家庭聚会。他们享受生命中的乐趣的方式，跟你和我并没有什么不同。"正因如此，可口可乐的全球性广告能够吸引几乎所有人。

产品一般有两种设计原则：一种是父爱法则，即"给你，这就是你想要的"；另一种是母爱法则，即"你需要什么，我给你什么"。第一种难度较高，福特汽车和苹果手机都属于这一类；第二种比较普遍，火爆的消费产品，几乎都是对人类"成瘾"这个弱点的极致利用，包括游戏、白酒、老干妈、碳酸饮料等。每个企业都有一批粉丝，这些粉丝忠实于企业的产品，热爱企业，会在论坛和互动中跟企业提不同需求。这时你一定要保持思路清晰：要为绝大多数粉丝找共性需求。马化腾对产品增加功能的看法是："作为一个有良好口碑的产品，每加一个功能都要考虑清楚，这个功能给10%的用户带来好感的时候是否会给90%的用户带来困惑。每个功能不一定用的人多才好，而是用的人都觉得好，这才是真正的好。"

奥卡姆剃刀定律指出：

"如无必要，勿增实体。"

做投资很成功的郑博仁曾谈起自己早年创业失败的经历："每次失败都是因为我想得太大太多。"郑博仁说，"举个例子，假如我今天想要做一个软件，让用户分享内容，如视频、直播，市面上的功能我都贪大求全想做进去，结果用户下载软件之后不知道这个软件到底是干什么的。所以我每一次失败之后，就想着怎么把事情做精做小。从小的点出发，慢慢会更容易找到接下来应该走的那一步。当你想的东西很大的时候，虽然很多东西听起来都是有机会的，可是你的资源有限，精力也会逐渐分散，最重要的是客户的注意力也会被分散。"

有哪些产品体现了"less is more"（少即是多）的设计理念？

答：围棋。

蒂姆·库克（Tim Cook）从乔布斯那里学到的正是"弃子"：<u>最难的决定是不做什么</u>。不论是对个人还是公司而言，最难的是放弃不好的想法、一般的想法和次优的想法，专注于几种产品，做到最好。库克回忆说："人们往往记得乔布斯的才华，却忽略了他的专注力。"

> 如果你以改变世界为己任，
> 你就必须跨越从粉丝（高容忍度人群）
> 到路人（低容忍度人群）的鸿沟。

实际上，商业模式不是盈利模式，商业模式至少包含了四个方面：产品模式、用户模式、营销模式，最后才是盈利模式。商业模式是指你能提供一个什么样的产品，给什么样的用户创造什么样的价值，在创造用户价值的过程中，用什么样的方法获得商业价值。营销专家赛斯·高汀

（Seth Godin）提倡一个简单的营销方法，向 10 个自己信任、关系不错的人演示最初的产品，如果他们没有将产品推荐给其他人，没有主动宣传这个产品，那么就说明你的产品还不够好，不应该继续推进。这个方法非常有效，应用起来也很简单。当然在 TO B 领域或互联网时代，从用户体验的角度出发，不断地去做微小的改进，短时间内可能看不到明显效果，但通过点点滴滴的积累，最后就能改天换地。用户体验不断迭代是最可怕的大杀器。

宝洁前 CEO 阿兰·乔治·雷富礼（Alan George Lafley）把选择购买叫作第一个真理的瞬间（the first moment of truth）；当消费者最终体验到他们买的东西时，这就到了第二个真理的瞬间（the second moment of truth）。消费者会喜欢吗？他们会再次购买吗？现在，当消费者碰到一个营销刺激点时，他们可以立即在网上满足自己的好奇心，谷歌把这个行为叫作第 0 个真理的瞬间（the zero moment of truth）。互联网时代的消费者可以事先访问你的网站，搜索别人对你的看法，查看你的社交媒体表现，对标你的竞争对手。

当然，大多数创新型产品都是从微创新开始踏上征途的，这可能为用户提供了一种更高效、更简单的体验。由于切入点十分微小，巨头起初并不在意，但最后可能被一点一点地蚕食。

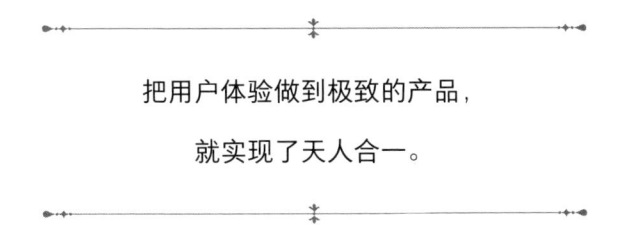

> 把用户体验做到极致的产品，
> 就实现了天人合一。

2005 年，腾讯展开第一次收购，收购对象是 Foxmail。在并购洽谈期间，腾讯的员工，以及张小龙自己，都不太明白马化腾为什么要收购 Foxmail。马化腾说的一句话让张小龙印象深刻，马化腾说："Foxmail 的用户体验做得特别好，我们自己也做，但怎么做都做不好。"

张小龙后来回忆道："那时还没有人谈用户体验，当马总说到这个词的时候，我都没有反应过来。我自己是做软件的，觉得就应该这样做。后来我进入腾讯，才渐渐知道并非所有做软件的人都知道该怎么做，而我在做 Foxmail 时，不自觉地模拟了用户行为，只是当时我不知道这叫用户体验。"张小龙进腾讯后走了弯路，才知道自己的天赋在哪里。一开始，张小龙进了腾讯后受命重建 QQ 邮箱，当时他觉得自己应该做管理者，产品的事情理应让团队去做。故而他自己没有关注邮箱的使用体验，也几乎很少参与到产品的设计中，结果出了大问题。到了 2006 年 10 月，张小龙才回过神来，重回一线，他回忆道："从极简版开始，我真正投入去做一些自己掌握的产品。我怎么说，就怎么做，任何一个元素要改都必须得到我的同意，我会全程参与到这个产品的每一个体验功能的设计中。"最后 QQ 邮箱大获成功。经此一事，张小龙领悟到，一个好的产品经理首先应该是个文艺青年，阅读、摄影等文艺行为看似不能直接转化为生产力，但借此才能接触并了解大量用户，由此理解时代的审美。

作为最懂女人心的高端品牌之一，纪梵希有句名言："女人不是单纯地穿上衣服而已，她们是住在衣服里面的。"

这就是马化腾非常欣赏的注重用户体验的做法。2003

年马化腾挖来金山的唐沐,让其组建用户研究与体验中心。唐沐回忆十年的腾讯生涯,当内部起争议的时候,只要拿出"用户体验"四个字就像搬出了《圣经》,立刻能平息争议。同样,马化腾想做游戏,最初是因为市场上的军棋游戏用户体验都不太好。亚马逊的贝索斯对用户体验则思考得更远更深:如果一位客户有一次不好的体验,贝索斯就认为它反映了一个更大的问题,他用一个问号将其升级为公司内部的问题。

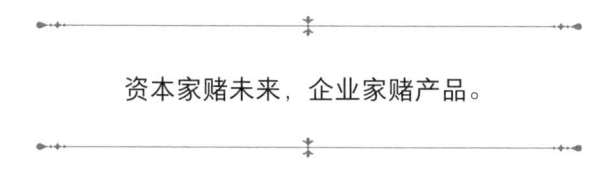

资本家赌未来,企业家赌产品。

2009 年,硅谷著名企业家、网景公司创始人吉姆·克拉克(Jim Clark),作为业余爱好者,亲自在 iPhone 上开发软件。他深入研究后发现,iPhone 的软件构架,是基于所谓的面向对象(Object oriented)的程序系统,这使得在 iPhone 上开发 App 极为容易。其他公司的手机产品,软件架构大多极为落后，和 iPhone 完全没有可比性。基于这些洞见，克拉克从 2009—2012 年不断大幅加仓苹果股票，自己也因此在 2012 年重新回到了福布斯富豪榜。

波澜壮阔的资本市场，依赖的就是伟大企业的成长。

伟大的企业依赖伟大的产品。以前股民投资的公司往往是自己并不直接接触的工业公司，但最近几十年，在中国及全球市场，消费电子、软件公司和互联网企业已经取代石油巨头和银行，成长为价值最高的一批公司。年轻一代用这些企业的产品，买它们的股票，用 iPhone 的人买苹果股票，开特斯拉汽车的人买特斯拉股票。元气森林创始人唐彬森 2014 年成立挑战者资本，使命就是"中华有为、挑战巨头、投资好产品、相信年轻人"。

"你也许已经在 1929 年以 154.5 美元的最高价购买了可口可乐的股票，持票度过大萧条和最近的经济衰退期，在今年的低价位卖掉，包括红利在内，你仍然会得到将近 225% 的利润。"

——《巴伦》，1938 年 11 月 7 日

第九课

没有增长，就是失败

历史学家认为，人类大体上免于饥饿和瘟疫，主要是最近两三百年的事，救星是工业革命。英国历史学家艾瑞克·霍布斯鲍姆（Eric Hobsbawn）在《革命的年代：1789—1848》中指出，在工业革命中人类第一次打破增长的天花板，摆脱农业社会的循环。在农业社会一万年间，人类反复掉入饥饿、匮乏和瘟疫的陷阱，从来没有真正爬出来过。

第一，信息时代、凯恩斯和全要素生产率。

经济学家罗伯特·戈登（Robert Gordon）的作品《美国增长的起落》引发震动。在美国经济增长的翔实数据支持下，他认为美国经济增长最快的阶段是1920—1970年，增长的动力来自电、内燃机，以及围绕着这些核心技术的一整套技术的大规模应用。这些是人类历史上颇能拉动经济增长的发明。可惜的是，它们带来的增长都已经发生了，至于未来的技术进步会不会带来类似的增长，他的看法是悲观的。互联网、移动通信、计算机、AI、基因技术等固然很好，但它们的增长能量还不足以与电相比。美国经济高增长的时代过去了，这种高增长也许不会重现。但是凯文·凯利（Kevin Kelly）并不赞同这类观点，他认为互联网、AI、物联网会进一步改变甚至颠覆这个世界，信息时代的能量必然会超过工业时代。凯利说："我们必须相信那些不可能的事情，那些看起来不太可能为我们所用的东西，将来肯定会为我们所用。我们尚处于开始的开始，处于第一天的第一个小时。世界上最伟大的东西，现在还没有被发明出来，也就是说，你现在开始，为时未晚。"

对于政府来说，如何做抉择？选择约翰·梅纳德·凯恩斯（John Maynard Keynes）还是约瑟夫·阿洛伊斯·熊彼特（Joseph Alois Schumpeter）？两位都是1883年出生的经济学家，对于他们的学说，学界已经争论了几个世纪。熊彼特的"创造性破坏风暴"描述了新公司通过击败并取代旧公司带动经济发展的过程，是挥舞市场之手；凯恩斯主张"政府投资+货币扩张"理论，是挥舞政府之手，意为假如经济下行，就依靠政府政策来促进经济增长。

在凯恩斯的眼中，"马尔萨斯的世界"——缺乏科技革命的农业社会和"后马尔萨斯的世界"没有根本上的不同。在"马尔萨斯的世界"里，国家建构在政治各维度中显得格外重要：粗放型的经济增长和安全保障，往往依赖对土地的征服和对人口的掠夺，而占领土地和掠夺人口则依赖强大的国家能力。在"后马尔萨斯的世界"里，无论是经济增长还是安全保障，都更多地依赖科技创新和资本聚集。但凯恩斯认为，虽然科技创新与资本聚集更多地依赖法治与问责体制，但国家能力仍是政治各维度中极为重要的一面。

如何测量"增长"？经济增长理论中的索洛模型里有个了不起的概念：全要素生产率（Total Factor Productivity），但严格地说它是个余值。人力和资本是生产的要素投入，在 GDP 中把要素投入的贡献扣除之后剩余的部分，经济学家称之为全要素生产率带来的贡献。如果要素投入不变，同样多的劳动力运用同样多的资本，今年创造的产出比去年多出来的部分，就被称为全要素生产率提升带来的增长。全要素生产率的作用是倒算出来的。索洛模型认为，全要素生产率是个余值，说不清道不明，是"经济学家对于经济增长这件事的无知的总和"。

一般来说，经济学家认为全要素生产率的来源，主要是技术进步。同样一个铁匠，用同样的工具，同样的炉子，同样的生铁，结果打造出了价值更高的铁器，仔细一看，原来他改进了工艺。如果说人力和资本是个投入多少的问题的话，全要素生产率则是个怎么投入的问题。极简化地理解索洛模型，就可以把增长分成两个部分：第一部分增长来自劳动者获得与其技能匹配的资本量的这个过程；第二部分增长来自全要素生产率的提升，主要是技术进步。当第一部分增长饱和之后，增长就只能靠技术进步了。可是技术进步这件事是不可控制也无法预测的，所以索洛模型认为它对于经济增长来说是个外生变量。

第二，投资依靠企业增长和时代背景。

全球一共有6万多家上市公司，真正为资本市场创造超额收益的公司占1.3%，大约为780家。《财富》杂志每年都会选出美国上市的全球增长最快的100家公司，因为增长最快的公司能够反映出全球经济发展的趋势。2019年，全球前100家增长最快的公司中有6家中国公司，分别是陌陌、新浪微博、欢聚时代、新浪、宝尊公司、汽车之家。可以看到，这些都属于信息时代的公司，这些上榜的公司在过去3年中给投资人带来的平均年度回报率为45%。所以水晶苍蝇拍（微博名）说："投资要依托在更强大的力量之上，而这种力量从根本上来讲是企业的成长，资本市场本质上也是服务于这个目的的。企业增长背后最大的底色是时代背景,最坚强的依靠是企业家精神和由此产生的企业文化及战斗力,最容易产生命运分野的是生意模式的差别。"

没有增长,就易陷入内卷。人类学家将一个社会或组织既无突变式发展,也无渐进式增长,只是在一个简单层次上自我重复的状态称为内卷。1899—2020 年美国通过工业革命和信息革命,道琼斯工业指数从 66 点上涨到 300015 点,增长 4545 倍(其中经历了 4 次战争、多次经济衰退和经济大萧条)。日本经济增长的步伐在 20 世纪 90 年代戛然而止,直至今天,这种经济停滞的状态已经持续了近 30 年,这就是成长和内卷的区别。

第三,创业公司和"Keep Growth, Fuck Everything"(只有成长最重要,其他都是垃圾)。

员工只需要和创始人做交易,而创始人在和真实世界做交易。创业很酷,创业是创造、发明、服务,是亚当·斯密所说的"看不见的手";创业是诺贝尔奖获得者弗里德里希·奥古斯特·冯·哈耶克(Friedrich August von Hayek)所说的"自发的探索过程";创业是奥地利著名经济学家熊彼特所说的"创造性破坏风暴"。

但是，没有增长，就是失败。

从增长来看，一家创业公司过 1000 万元营收是第一个战略节点，过 5000 万元营收是第二个战略节点，过 1 亿元营收是第三个战略节点，过 5 亿元营收是第四个战略节点，再增长就会通向星辰大海。从 1987—1995 年，华为用了不到 10 年的时间，员工人数从 6 人增加到 1750 人（硅谷的仙童公司更快，用 10 年时间员工人数从 8 人增加到 12000 人），销售收入从 0 增长到 15 亿元，2020 年营业收入达到 9000 亿元！阿里巴巴由战略驱动，格局大、立意高，但也视增长为生命。我跟从阿里巴巴出来创业的创始人聊过，他们都说阿里巴巴内部的忧患意识非常强，阿里巴巴对业务飞速发展期的扩招保持着高度警惕，最常被问的一句话就是："如果你说你的部门增加 5 个人，业绩就能翻一番，那么你要思考的是，只给你增加 2 个人，如何让业绩增长一倍？"最好的团建之一，就是带领团队一起打胜仗。

对于创业公司而言，每时每刻都要牢记：失去了增长，就失去了一切。

十步杀一人，千里不留行。

事了拂衣去，深藏身与名。

第十课

人心惟危,道心惟微;
惟精惟一,允执厥中

马云金句:"KPI 设置得好的人才是真正适合当领导的人。"这句话自有深意。中供铁军原主帅俞朝翎曾介绍阿里巴巴的中供铁军考核方式:"在中供内部,KPI 是怎么定的?业绩占一半,价值观占一半。"

有人的地方就有江湖。

在《笑傲江湖》一书中，金庸说："只要有人的地方就有恩怨，有恩怨就会有江湖，人就是江湖。"做生意本质上是跟人的"恶"打交道，但同时又要坚持善良。这十分不易。

∞ 一 ∞

任何公司最终都会面临"人"的问题，抑恶扬善，激发个人的正能量至关重要。

小公司最怕的是"野狗"，即那些业绩很好但人品很差的人；大公司最怕"小白兔"，即那些业绩很差但人品很好的人。马云曾对员工进行分类："野狗"是指有业绩但没有团队合作精神的人；"小白兔"是指有很强的职业精神但没有业绩的人。在马云看来，两者都不能用。奇虎360董事长周鸿祎曾在2022年发了一条微博，也讨论了"小白兔"现象。他在微博说："公司部门领导和人力资源部门要定期清理'小白兔'，否则就会产生'死海效应'。公司发展到一定阶段，能力强的员工容易离职，因为他们对公司内部愚蠢行为的容忍度不高，也容易找到好工作；能力差的员工倾向于留下来，他们也不太好找工作，年头久了，他们就成为中高层了。这种现象叫'死海效应'：好员工像死海的水一样蒸发，然后死海盐度就变得很高，正常生物不容易存活。"人才领域的"死海效应"，是 IT 咨询顾问布鲁斯·韦伯斯特（Bruce Webster）在 2008 年提出的，原本用来解释大型企业 IT 部门的人才流失现象。大型企业 IT 部门经常会碰到一个问题：如何长久地留住杰出的 IT 工程师？留不住优秀工程师的原因之一是存在人才的"死海效应"。

每一项 KPI 背后，都有一个"复仇女神"在某个地方等着你。

"员工每个月都会接受绩效谈话，都会有训练。举个例子，找借口就是价值观中的一条，就是我们不能以任何借口影响对业务的判断。一个团队肯定有那么一小撮人，长期不出业绩，怨天怨地，而且容易抱团。但阿里巴巴不允许这样做。我们曾有一个业绩很好的人，偶尔不出业绩，他就会抱怨。但第二天，他又会精神饱满地跑客户，调整好状态只要一个晚上；但那些能力差的人听了他的抱怨后，可能需要两三天才能调整好状态。所以他即便业绩很好，我们也会在价值观上给他扣分。他应该去找 HR 或领导抱怨，这才是正确的'倒垃圾'方式。然而，大家不知道价值观的本质到底是什么。很多企业认为，企业文化是老板的文化，但是老板的文化怎样变成企业的文化，这一点很多企业没做好。根本原因是，价值观没有被考核。当价值观能被考核的时候，目标才能真正落地。比如你天天在员工内部群散播负面情绪，或者传播未经证实的信息，这时你就会被扣钱，下次你就不会这样做了。"贯彻阿里巴巴价值观极为彻底的就是 B2B——中供铁军，这也是阿里巴巴最早的业务之一。在好几位前员工的回忆中，当时整个部门风貌十分接近马云本人的风格：街头智慧、侠义心肠、兄弟情谊、集体荣誉。

　　当然，建立长期价值观需要 CEO 花极大的力气和成本。因为管理的一个重要特征在于它是个慢变量，要坚持 3 年、5 年甚至 10 年才会产生效果。在某种意义上，就是聪明人花慢功夫，比谁更耐心更扎实。

依视路源自法国，作为全球领先的视光企业，其历史可追溯至170年前，它管理了7万名员工。依视路董事长格萨维埃·冯达磊（Xavier Fontanet）深谙人心，他在自己的书《信任之路：依视路30年的光辉历程》中介绍了抑恶扬善之法：第一，每个管理者应领导12人，依靠这一机制，公司总裁和基层员工之间正好6层，在一定程度上消除了官僚主义作风；第二，每个职务的目标和考核点不同，销售经理按月销售额考核，商务经理按市场份额考核，部门经理按利润3年一考核，公司总裁要按5年的创造价值考核；第三，目标要合理，定得过高或过低，企业里就会出现谋略之争，耍小权术把事情搞糟，最可怕的是有些领导有不正之风（你的工作成绩不达标，我可以袒护你，但你要对我忠顺）；第四，如果某人屡遭失败，那就要了解是谁把失职者任命在岗位上的。

〽 二 〽

小公司的生存。

在硅谷，流传着一句用人口诀：

Hire Slow，Fire Fast（招人要慢，裁人要快）。

"招人要慢"比较容易理解，因为招错人（Bad Hire）给企业造成的后果会非常严重。美国劳工部的一项调查显示，招聘错误造成的损失至少是这名员工年薪的三分之一。

特斯拉创始人马斯克曾说过自己在创建 Paypal 时学到的一课，就是尽快解雇不合适的员工。Y Combinator 是硅谷著名的创业孵化器，其前总裁山姆·阿尔特曼（Sam Altman）说："招聘是最重要的工作之一，也是建立一个优秀公司的关键（相比核心产品而言）。我关于雇人的第一条建议就是，不要急于雇人。Y Combinator 中最成功的企业，在其发展相当长时间之后才开始雇人。首先，雇员工成本很高；其次，员工增加了组织复杂性和沟通成本。有些事，你可以和联合创始人说，但不能和员工说；最后，员工也会加大公司惯性——团队人员增加，使改变公司方向变得更加困难。一定要抵制那种从员工数量中体现自我价值的冲动。"

张一鸣认为,创业者在启动创业的时候,其实同时在做两个产品:一个是提供给用户的产品;另一个是提供给员工的产品,即公司本身。而公司的 CEO 就是这两个产品的产品经理,负责连接两端,一端是业务,一端是员工。

天使投资人奥朗·霍夫曼(Auren Hoffman)说:"要找到一家至少有 30% 的人都比你聪明的公司,因为你通过向周围的人学习而获得的成长速度是最快的,所以你的同事应当格外出色。由于人们更喜欢雇用认识的人,所以其中不少人在接下来的 30 年里将一直是你的同事。因此,请谨慎挑选同事。""有一种简单的方法可以看出公司里的人有多聪明,那就是看看他们在招聘时的挑剔程度。你应该选择一家招聘流程非常复杂且冗长的公司。在这样的公司招聘中,你得先认识一些人,完成一个项目,并且通过几场令人精疲力竭的面试。尽管这个方法不能说百试百灵,但至少你知道公司里的其他员工都经历过同样的流程。"亚马逊在招聘流程中,设置了"抬杠者"(Bar Raisers)环节——让具有招聘天赋的员工担任招聘人员，至少有一位"抬杠者"参与每一次招聘，即便是人力资源部主管，也无权推翻"抬杠者"的否决票。

有位创始人在知乎上介绍了自己的用人经验："小公司怎样才能让员工有归属感？我们也有团建，但是不搞那些无意义的活动。聚餐公司会买单，每个员工都有一次选择饭店的机会，轮着来。员工选好了就在群里发地址，选择了星级酒店我们也绝对不推，不能为了这点钱寒了将士们的心。从来没人找借口不参与团建，大家都很期待。上次有人提议吃日料，这次就有人提议吃海鲜。"

关于招人，他还分享道："我招人的时候，看到差不多合格的，面试完了我都给对方一百元，然后跟他讲'您这么远来一趟不容易，辛苦了，这钱您拿着打个车。'所以我到现在没遇到过拒 offer（录用通知）的人，当然前提是工资都不低于市价。"

也有风格猛烈的创始人，三七互娱公司在游戏行业仅次于腾讯和网易，工资高，加班也多。创始人李逸飞（又名李卫伟）在员工口中有个别名——"李怼怼"，员工如果在公司论坛里匿名抱怨，李逸飞就会回击一番。有一次，员工想知道公司年会有没有阳光普照奖，就匿名在论坛抱怨。李逸飞深夜回复："你的贡献大吗？大的话，争取明年拿最佳员工；不够大的话，你至少实名发帖，匿名干什么？赶紧洗洗睡吧。"

三

"所有企业的成功都是业务能力的胜利，而所有企业的失败，前期主要是业务能力的失败，后期则往往是用人能力的失败。"财经作家刘爽说，"乐视最辉煌的时期每年挖来各行各业的高手，但乐视没有很好地整合，只是让他们无所事事地一起瞎混。有的人有抱负，几个月后就走了。有的人年纪大了，就留下来养老。"

小企业总在考虑要用什么样的人，大企业考虑的是要开掉什么样的人。

"中子弹"杰克·韦尔奇在任 GE 董事长期间，开除了 12 万名员工，把公司从市值 130 亿美元做到了 4800 亿美元。他对裁员的观点是：企业不可能向员工提供终身就业的承诺，但是会尽一切努力，让员工拥有终身就业的能力。2019年拼多多管理层组织过一次集中学习，学习材料是华为的一本关于管理秩序的书，叫《熵减》。用任正非的话说："战略预备队循环流动，破格提拔干部，淘汰倦怠员工，让员工在合理的年龄退休，都是熵减。"熵减的目的，就是每个人在最佳时间以最佳角色作出最佳贡献。华为每年淘汰干部10%，淘汰员工5%。华为约19万人，每年会淘汰9000人左右，来激活整个团队。

美国鞋业互联网公司美捷步（Zappos）创建于1999年。创始人尼克·斯威姆（Nick Swinmum）拿了谢家华和林君睿的50万美元投资，随后谢家华加入公司担任首席执行官。谢家华像贝索斯一样，创造了一种独特的内部文化——专注于用户体验和管理创新，最后公司以9亿美元被亚马逊收购。美捷步有个奇怪的招聘规矩，新员工如果在入职的第一周内辞职，就能得到1000美元的奖金，这样美捷步可以招到真正喜欢公司的员工。可惜谢家华在46岁因火灾去世，世界上少了个卓越的创始人。

中国手机公司 OPPO 的价值观之一是"本分",在员工主动离职时,公司会给予员工离职补偿。OPPO 的思考方式是:辞退员工,按规定应该给予离职补偿;如果优秀的员工主动离职,肯定是公司不好,也应该给予员工补偿。"本分"就是不占员工便宜。

一般来说,管理是反规模效益的,一些公司会通过控制总员工人数来减少管理上的损耗。腾讯从 2013 年起,就在人员扩张上变得谨慎,即便今天,腾讯员工也不超过 7 万人。

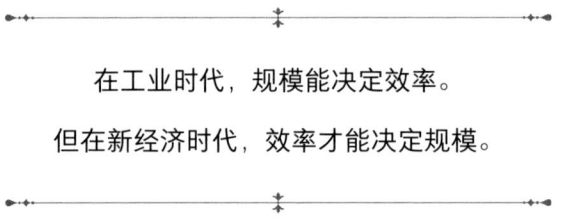

> 在工业时代,规模能决定效率。
> 但在新经济时代,效率才能决定规模。

为了提高管理效率,理想汽车创始人李想把包括自己在内的高管和员工 OKR 对全体员工开放。理想汽车早期投资人——明势资本创始人黄明明认为,这有助于管理效率的提高："一个公司的管理效率要高，一定不要让下面的人猜公司老板是怎么想的。"

《晚点》的一篇深度报告透露，2013 年，字节跳动成立不到 1 年，就全面启用了硅谷流行的 OKR 考核方式，将公司大目标一级一级地拆解为每个人的工作目标，减少信息不对称，保证员工与公司方向一致。用张一鸣自己的话来说，如果员工能兑现大部分 OKR，公司的整体目标就能实现。在员工管理上，张一鸣崇尚 Netflix 的"充分 Context，少量 Control"，注重坦诚沟通。他认为，优秀的员工应该像分布式处理器，公司给予他们充分的信息后，可以实现高效分工和协作。字节跳动的员工一度可以看到公司所有人的 OKR——这也是设计 OKR 的初衷。

四

关心员工，但拒绝"家文化"。

罗振宇在 2022 年跨年演讲中讲到一家小公司，全公司没多少人，但创始人在开始创业时一直在思考一件事：怎么能让员工上班的心情好一点？小公司用不起高大上的数字化技术，该怎么办呢？后来，公司给每个员工发了一袋玻璃球，共三种颜色，红色、黄色和蓝色。员工要是愿意的话，每天下班的时候，可以根据自己的情绪，向本部门的瓶子里投入一颗球。感觉高兴就投红色的，感觉一般就投黄色的，感觉沮丧就投蓝色的，全凭自愿，也没人会盯着员工看他投不投。第二天早上，高管发现哪个部门的蓝色球比平时多，就会跟这个部门的主管谈一谈，询问大家心情不好的原因。据说因为这么一个小小的设计，公司的士气一下子高涨了很多。仅凭这么一个动作，员工就会发现，公司真的在关心人。

上市公司赤峰黄金董事长王建华，每年的每个大型节假日都在矿下和一线员工一起度过。此外，"信任"和"尊重"也是王建华经常挂在嘴边的词语。赤峰黄金总部会议厅张贴的大照片是 10 多个基层劳模头像。每个员工，哪怕是合同工的婚礼，高管都会亲自参加。每逢春节，公司邀请基层员工到宴会厅吃团圆饭，王董事长亲自陪同。给予每个员工足够的尊重，使之工作有愉悦感，是赤峰黄金所追求的。

在实践过程中，养鸡龙头公司——圣农发展创始人傅光明逐渐摸索出了一套独特的理论："人的情绪化成本"。在他看来，一旦员工的情绪低落，就容易出差错，而这些损失最终由企业买单。作为管理者，最重要的就是让员工保持最佳状态，要不然，企业每年损失可达数亿元。所以，除了最基本的从不拖欠薪资，圣农发展的养殖场还鼓励夫妻一起工作。因为每一批员工从进场到出栏大约需要42天，员工要和鸡同进同出。傅光明说："养殖期间如果员工家里出事，夫妻在一起就好解决，要不然就会影响到大家的情绪。"

有记者曾问老干妈创始人陶华碧："您从来没有学过管理，怎么能取得如此辉煌的成就呢？"陶华碧回答得非常好："我虽然没有学过管理，但我当过妈妈。"言下之意，她把员工当作自己的孩子。但在中国商界，"家文化"一直备受争议。比如 2020 年 9 月，龙湖的一位员工在内部论坛里感动地留言，说自己在龙湖过生日时，收到无数祝福，感受到龙湖是一个如此温暖的大家庭。结果龙湖董事会主席吴亚军在留言下回复道："龙湖的文化反对把公司变成家。因为家不论是非，没有对错，没有优劣，只讲包容，只讲温情！"吴亚军还在回帖中硬核强调，"我今天开宗明义告诉大家，龙湖从成立第一天起，就反对'家文化'！我们的关系首先是工作关系！龙湖讲初心、讲价值观，但也讲结果导向，也讲KPI，也讲交付，也讲淘汰，主要是让大家不要产生错觉！"

五

关于员工的培训、激励与公司反腐。

培训的成本很高，但不培训的代价更高。不了解第二点的企业走不远。富士的董事长古森重隆发现，日本籍员工与国外公司谈判的时候，对方口若悬河，日本员工却默不作声，导致谈判失败。于是古森重隆强制培训日本籍员工，并规定：如果对方讲了十分钟，那么你们也要讲十分钟。

华为培养干部的方法是，最高层司令部的"战略决策"允许少量新员工参加；再下一层级叫"战役决策"，如区域性决策、产品决策等，不仅要有新员工参加，低职级员工也要占一定比例。层层级级都实行"三三制"原则，争取让优秀的"二等兵"早日参与最高决策。任正非说："以前大家排斥新人，有人问'新人到最高决策层做什么？帮领导拎皮包吗？'让新人参加会议，即使很多内容听不懂，但是脑袋开了天光，能提早接触未来作战，而且他们还年轻，新生力量就像鲇鱼，把整个鱼群全激活了。因此，迭代更新很容易。我不担心没干部，而是担心后备干部太多了，不好安排他们的工作。后备干部太多，在职干部就不敢懈怠，否则就很容易被别人取代。"

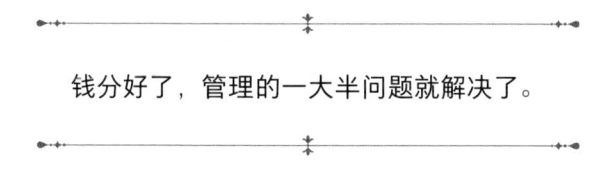

钱分好了，管理的一大半问题就解决了。

2021年，游族网络总经理陈芳对内发布了一封《致最高优先级投资者的公开信》。这里的"最高优先级投资者"

是陈芳用来称呼游族网络全体员工的。他坦言，传统投资人用的是货币和资本，而员工用的是青春和职业生涯，所以游族网络每年都有大规模股权激励方案。

赤峰黄金董事长王建华介绍了自己企业的激励方法。赤峰黄金各个层级定的成长目标非常高，如果不是"让人眼红"的奖励，干脆就不发。分配的秘诀就是，永远要让20%的员工非常兴奋，从而让其余80%的员工也想成为这20%的员工。

马云认为，人待不住就两个原因，钱给少了或心委屈了。段永平说："马云这句话非常经典，把保健因子和激励因子说得非常形象。钱是保健因子而不是激励因子，给多了没用，给少了不行（绝大多数人在这点上都错了，因为钱不是万能的，当然没钱也是万万不能的）。激励因子实际上就是不要让员工心委屈了，要让他们觉得有意思。"或者说，激励因子就是和钱没有直接关系，却让员工工作开心的那些东西。

在马云时代，很多员工离开阿里巴巴之后才真正意识到它是一家伟大的公司，因为阿里巴巴最核心且最有价值的是，它的利益会跟员工分享，而且最后真的能兑现承诺。

公司反腐一直是个敏感的话题。企业像人一样，有生老病死。有一些病就是普通感冒，治与不治都需要7天左右痊愈；有一些病不治就会发展为癌症，越来越严重。

实际上，很多民营企业内部都有遭遇"家贼""内鬼"的经历。正所谓"家家有本难念的经"，这类企业内部腐败问题，出于诸多原因，企业家一般不愿意自揭家丑。横店集团成立几十年来的习惯做法就是，春节过后上班先开一堂法制教育课。参加会议的人员包括各行业子集团、直属企业、车间主任以上干部供销人员，以及集团总部全体工作人员。通常在年度总结工作、表彰先进以后开课，由集团法纪中心负责人或东阳市法制部门的领导以案说法。这些案例，有的是集团内部发生的，有的是市里其他单位发生的，总之都是实际的案例。横店集团创始人徐文荣老先生说："这样，对我们的干部更有警示作用。同时，我正好把一些潜在的或刚露出苗头的问题，如回扣、干部渎职等问题提出来，对干部员工起到预防和提醒作用。我认为，法制建设是乡镇企业的'保护神'，没有这个'保护神'，乡镇企业就算有了财神也保不住，企业发展起来了，也会垮掉。"

国内两家 2021 年最厉害的新能源公司——隆基和通威管理都很严格。隆基的供应链管理将采购环节分成三段：采购前、采购中、采购后。在采购前环节，有专门的团队负责供应商开发；在采购中环节，有专门的团队负责商务谈判、合同签订；在采购后环节，有专门的团队负责付款。而且采购前、采购中、采购后的团队实行轮岗制。通威采购中心大门口、厂房大门口等显眼位置都挂着监督牌匾，上面有通威总部的监察部电话、邮箱、地址等。签订采购合同后，通威监察部会致电两次，一次是询价，一次是询问供应商是否需要举报。

六

未来学家阿尔文·托夫勒（Alvin Toffler）在《财富的革命》中提到，如果企业运作的时速是 100 公里，那么行政只有 25 公里时速，政治只有 3 公里时速。在人类进化中，活下来的不是最强壮的人，不是最聪明的人，而是最能适应变化的人，更何况企业的时速这么高。管理大师彼得·德鲁克（Peter Drucker）认为，世界上根本没有"唯一的正确的组织"这回事，有的只是各种组织形态，它们有不同的优点、不同的限度与特定的应用。不同的时期、不同的情况可能使用不同的组织。当情况危急时，公司的生死存亡有赖于明确的命令，有可能组织中每个人无条件服从命令才是危机中唯一的希望。

抓住人心者，无论组织怎么变化，都能保证形散神不散。

1999年，马云创立了阿里巴巴。阿里巴巴成立之初，定位是"中国中小企业贸易服务商"，布局B2B业务；2003—2004年分拆出淘宝网与支付宝；2008年启动"大淘宝"战略，淘宝网从一个网店平台向电子商务基础设施平台转变；2012年，阿里巴巴被拆分为7大事业群（淘宝网、一淘网、天猫、聚划算、国际业务、小企业业务、阿里云），俗称"七剑下天山"，7大事业群总裁直接向马云汇报工作。2013年1月10日，7大事业群继续被拆分为25个事业部，采取总裁负责制，内部赛马。马云事后认为：

"这是阿里巴巴 13 年来最艰难的一次组织、文化变革。"不管组织怎么变化,阿里巴巴员工都愿意相信马云的领导力,跟着马云筚路蓝缕,以启山林,最终阿里巴巴成为 8000 亿美元市值的一流互联网公司。

日本著名实业家稻盛和夫在 51 年的经营生涯中,秉持着"敬天爱人"的人生哲学,密切关注员工,一手创办了两家世界 500 强企业——京瓷和 KDDI,并在退休时把个人股份全部捐献给了员工。

扎克伯格认为,Facebook 最重要的创新之一,就是在增长缓慢时成立了一个"增长小组"。这个小组是公司最有名望的团队之一,每个员工都清楚这个小组的重要性。2011 年是台积电极为困难的一年,其核心技术人员梁孟松加入三星,并率领三星技术团队攻克了全球首个 14nm 芯片工艺,一举拿下苹果 A9 芯片订单,惹得媒体哀叹:"台积电的技术优势,已在一夜之间被抹平了。"但台积电在创始人张忠谋的带领下迅速组建了一个行业里前所未有的研发团队——"夜莺部队",即晚上干活的部队。台积电参照富士康流水线,把研发制度改为了三班倒,让台积电从"24

小时不间断生产"升级为"24小时不间断研发"。闯过重重危机，2017年，台积电市值超越英特尔成为全球第一半导体公司。

七

在中国儒家传统中，"人心惟危，道心惟微；惟精惟一，允执厥中"被朱熹赋予极高评价，如果翻译成白话文，大概意思是："人心危险难测，道心幽微难明。只有我们真诚地保持惟精惟一之道，不改变、不变换自己的理想和目标，最后才能使人心与道心合一，执中而行。"

南宋年间，程朱理学的大儒朱熹将这十六个字总结成儒家文化的心传，集中概括了儒家文化的宗旨。朱熹解释说，尧传位给舜时，只说"允执厥中"这四个字；舜传位给禹时，多加十二个字，即"人心惟危，道心惟微，惟精惟一，允执厥中"。之后，此心法又传给商汤、周文王、周武王。再后来，此心法经过周公、孔子代代相传。这十六个字是古代圣人治理天下的大法，也是每个人修心的要诀。

> 治理公司即是治理人心,
> 治理人心亦是治理天下。

2001年,关明生加入阿里巴巴任总裁兼首席运营官,开始进行大刀阔斧的改革,甚至开掉了十八位创始人之中的一位,把阿里巴巴从破产、倒闭的边缘拉了回来。关明生带给阿里巴巴的,更重要的是价值观,即从整个文化和思想层面来影响阿里巴巴,这是阿里巴巴与其他大公司的不同之处,也是其最重要的资产之一。关明生说:"我搞了好多年管理,总结了一点点心得。现在如果有人问我管理是什么,我就会说是'让他们跟着你'。"关明生还说,"我们当时在阿里巴巴开了一个渠道,员工提出什么问题都可以,48小时之内,公司的4个O一定要亲自回答。"这些东西很关键,只要有意愿,好的公司都可以做到。但是意愿一定要持久,创业者一定要有恒心,不能说过场话,专注于解决一个人的问题比随便听了 5000 个人的意见更好。

1960 年，福耀玻璃的创始人曹德旺 14 岁，因家里太困难交不起学费而被迫辍学。失学后，他跟随父亲曹河仁学做生意，倒过烟丝，贩过水果。为了每天能拿到新鲜水果赶早集，曹德旺和父亲每天凌晨三点起床，一起骑 50 多公里的自行车批发 300 斤水果，再驮回到当地售卖。虽然辛苦，一家人依然吃不饱饭，但他跟着父亲耳濡目染，最初的经商理念都来自父亲。他父亲曾经考他："做事要用心，有多少心就能办多少事。你数一数，有多少颗心呢？"少年曹德旺回答："用心、真心、爱心、决心、专心、恒心、耐心、怜悯心……"曹德旺疑惑地掰着手指问父亲，"真有那么多心吗？""当然有"，父亲曹河仁继续说，"但当你悟到这些道理时，爸爸或许已经不在人世了。"

第十一课

如何寻找萧何与韩信

人生永远在面试,

也永远在被面试。

一位知名教授开设了密歇根大学的空间工程专业，他有一次在专业杂志上发表文章提到，他最优秀的 10 名学生，有一半去了 SpaceX 工作。

这篇文章发表两个月后被马斯克看到了。马斯克热情地邀请这名教授来 SpaceX 参观，整个活动安排得隆重而周到。当天，在各种礼节性的活动结束之后，马斯克盯着教授的双眼问了一个简单而直白的问题："另外 5 名学生都是谁？"

Liftoff 一书记录了 SpaceX 早期的创业史，并描述了这个故事。

∽ 一 ∾

美国最厉害的一家风投公司 Benchmark 的合伙人彼得·芬顿（Peter Fenton）说："开始的时候，我是一个脑子里充满概念的人，这些概念可能让你在这个世界上变得聪明：波特五力模型、创新者窘境、跨越鸿沟。按照我以前公司的说法，我会在某个方向上做到有备而来，这样就可以找到机会存在的地方。我成为存储的专家，应用软件方面的专家，供应链的专家。但是，我开始意识到所有这一切，如果创始人的炼金术没有遇上爆炸性的市场力量，其实都是没用的。"

创始人的炼金术是什么？

创始人的来源千千万万，从物理学角度而言，我们越靠近宇宙大爆炸发生的那一刻，能看清的东西就越少，所以我们无法信誓旦旦地说出"最初"这个词。通常来讲，创始人的动机最好不要猜，因为猜不到，企业家其实是"来处"最为复杂的职业之一。以情绪来说，恐惧、激情、好奇心、目标等都会驱动我们；以神经化学来说，多巴胺、催产素、血清素、内啡肽、去甲肾上腺素和内源性大麻素也发挥着作用，这些化学物质所产生的愉悦感都会驱使我们采取行动。

今日资本的创始人徐新说："我认为世界上最好的头衔是创始人，我喜欢这个头衔。"

在 Quora 上，有人问过这样一个问题："我怎样才能成为像比尔·盖茨、史蒂芬·乔布斯、埃隆·马斯克、理查德·布兰森一样伟大的人物？"

出乎意料，有个当事人——马斯克前妻贾斯汀站出来回答了。贾斯汀写下的回答得到了几百万次转发：极致的成功需要极致的个性，这样的成功以其他方面的牺牲为代价。极致的成功跟你认为的成功是不一样的，你不必成为像布兰森或马斯克那样的人也能过上富裕和优质的生活，而且你获得幸福的概率比成为伟大人物的概率更高。极致成功必然是极致个性的结果，同时还要付出很多牺牲。他们这样的人大概率是怪咖，因为格格不入被迫走上一条极不寻常的体验世界之路，并且通常会被其他人视为偏执狂。极致的人身上混合了高智商、才华和近乎疯狂的勤奋，所以如果工作本身不是你最大的驱动力，你很快就会燃尽自己或半途而废，那些个性极致的竞争者将会碾压得你嗷嗷直哭。

贾斯汀认为，取得巨大成功的核心元素是痴迷（be obsessed），她特意强调了三遍："这些特征的本质会耗损一切（包括耗损这个人身边的人），除非你亲身经历，否则很难理解。"

热情是企业家的第一属性，如火一般，它能将接触到的绝大多数东西都变成自己的燃烧物。

孙正义投资了 800 家公司，有 100 家失败。他认为成功与失败最大的区别就是：领导人是否有足够的激情，因为激情可以解决所有问题。"我投资杨致远，是因为他让我感到他的每个细胞都在颤抖；我投资马云，是因为我看到他的眼睛里充满了火焰。该去哪里找到下一个马云呢？首先要做的是把创始人的简历都烧掉。创始人要有热情，你必须去找那些有热情的人。什么热情都可以，哪怕是打游戏的热情。"宇视科技创始人张鹏国在《一个 CEO 的精神分裂史》一文中列举了 CEO 这一角色需要面对的无数复杂问题和痛苦情绪，文章的最后他写道："有战略有战术当然重要，CEO 这个角色更奇葩的是，生性悲观的人万不可为。CEO 非常需要娱人娱己的素能，即在任何时候任何状态下都不仅要让别人 High，更重要的是要让自己彻底 High 起来，无条件地激情四射、光芒万丈，now & forever！"

学习能力是企业家的第二属性。在一个没有边际的市场，企业家的学习能力就是企业的边界。

王兴在不同的创业阶段，都展现出了学习新事物的能力和心态。他在做人人网的时候，在做美团的时候，以及在做美团各业务拓展的时候，都能够表现出与众不同的能力，可能是对产品和用户的认知能力，也可能是大规模地组织团队的能力。在不同领域都获得成功，体现了创始人的超级学习能力，这种人往往是更优秀的创业者。

美国思科公司的首席技术官帕德玛锡·华莱尔（Padmasree Warrior）曾被记者问道："你从过去所犯错误中学到的最重要的教训是什么？"她回答道："当我的事业刚起步时，我拒绝过很多机会，因为当时我想'我目前的水平还胜任不了这项工作'或'我对这个领域还不了解'。现在回想起来，在某个特定时期，迅速学习并做出成绩的能力才是最重要的。如今我常跟人提到，当你寻找下一个目标时，其实没有所谓的完全合适的时机。你得主动抓住机会，创造一个适合自己的环境，而不是一味地拒绝。学习能力是一个领导者必须具备的重要特质。"

坚韧是企业家的第三属性。

有个朋友问我，为什么坚韧是比智商和情商更重要的东西呢？因为大多数人在大部分时间内做的东西并不显示其价值，如同股票一般，90% 反复波动，10% 单边运动。智商和情商其实只决定这些波动的幅度，而决定长期单边价值成长的是坚韧，其中包括勇气、恢复力、自动自发、韧性。

好的创业者像钻头，他的硬度本身就是稀缺资源。

坚韧分好几种，有些人从小具备该品质，也有一些人碰到困难后成长，重新定义了自己。前一类人可能在年少时极度贫穷，被人捉弄、耻笑、孤立过，或在读书时期被别人拒绝过。他们之所以想要成功，是因为他们有强烈的想要证明自己的意愿。他们虽然没有任何背景，但有不惜一切的决心，动力之强几乎让世界震惊，像火山爆发的岩浆。英特尔官方传记《三位一体》这样描述 CEO 安迪·格鲁夫："你在跟格鲁夫进行任何谈话时，就知道这会变成一场辩论，而且他会赢。他会赢是因为他比你聪明，比你机智，比你更努力工作……如果这一切都未能得逞，他就会现出原形，从情绪上压制你，咆哮着逼你就范。不管怎样，他都会赢，因为这就是作为格鲁夫的意义。他会千方百计地取胜，因为他认为自己是正确的，并且认为自己的正确性是理所当然的。"

除了前三个广义的属性，不同的行业还需要创始人具有跟行业匹配的基因。例如，徐新观察零售业后说："我读了很多零售人的传记，每个创始人性格都不一样。但我总结出他们的3条共性：都非常非常注重细节，都特别抠，都对员工特别好。我见了益丰大药房创始人高毅就发现，每一条他都对得上。他很注重细节，每次来上海就去看店，对店里大小事情清清楚楚。他特别抠，我们认识这么多年，每顿饭都是我请的，他从来没请过我！印个海报他要一张张数，生怕印多一张会浪费。他对员工非常好，一般传统行业我们催着才分期权，他在我们来看项目前，已经把期权分了，他的高管都是跟着他打了很多年的仗的。"

二

汉高祖刘邦的左右手分别为萧何与韩信。萧何身为刘邦的丞相，在汉中的任务之一就是为战争准备物资，寻找巴蜀之地的物质资源，供应兵员与粮食以支持刘邦问鼎天下。韩信是刘邦的大将军，为刘邦建立汉朝立下汗马功劳，暗度陈仓、横扫魏豹、东进灭赵、妙计灭齐、围攻项羽，赫赫军功，奠定了刘邦取胜的大局。

创始人如何寻找自己的萧何与韩信？

汉高祖刘邦是相当有眼光的人，知人善任，比如征战时代的"三杰"，以及他为身后举荐的"四杰"。《史记·高祖本纪》做了引人入胜的记述。吕后问即将辞世的刘邦："陛下百岁后，萧相国即死，令谁代之？"上曰："曹参可。"问其次，上曰："王陵可。然陵少憨，陈平可以助之。陈平智有余，然难以独任。周勃重厚少文，然安刘氏者必勃也，可令为太尉。"吕后复问其次，上曰："此后亦非而所知也。"西汉之后的历史表明，刘邦举荐的"四杰"同他的预言几乎一致，令人叹服。曹参、王陵、陈平先后任丞相，周勃帮助平定后来的"八王之乱"。

不仅是当皇帝，所有生意人都需要慧眼识人的技能，明确哪些人需要搞定，哪些人需要结盟，哪些人需要排挤，哪些人需要忽略。

比尔·盖茨说："决定与保罗·艾伦（Paul Allen）一起创业或许是我做出过的最好的经营决策，其次是聘用一个朋友——史蒂夫·鲍尔默（Steve Ballmer），他一直是我最主要的经营伙伴。有一个你完全信任并忠诚于你的人，你们有着相似的眼光，而且他具有各种不同的技能，他还能对你有所制约，这是非常重要的。"谷歌创始人佩奇说："随着时间的推移，我惊奇地意识到，要让整个团队都保持超级雄心是非常困难的。大多数人接受的并非'登月式'思考，他们倾向于认为事情是不可能完成的，而不是基于真实世界去思考并计算是否能实现。这就是我们花了很多精力为谷歌招聘独立思考者及设定宏伟目标的缘故。如果招到了正确的人，拥有足够大的梦想，你通常就能实现目标。即便失败了，你也可以学到一些重要的东西。"

三星的李健熙掌权后，对人才的重视，比父亲有过之而无不及。2002年，他曾当着众多社长的面说："以前，几十万人养活一个君主；今天一个天才能养活20万人。"他还以比尔·盖茨为例，认为韩国只要有三个比尔·盖茨，整个国家就能提升一个档次，而自己的任务就是寻找三名这样的天才。当记者问索尼的第二代掌门人大贺典雄，是什么使他脱颖而出并继任董事长时，大贺典雄用优雅的字体在纸上写了一句日语，大意是"放射出耀眼的光芒，宛如太阳"。索尼的掌门人必须光彩夺目，大贺典雄说："就像盛田昭夫。"大贺典雄退休时让大家大跌眼镜，他直接选了出井伸之继任董事长——一个普通的广告部常务员工。然而事实证明，出井伸之表面上散发贵族温和气质，但极具反叛和创新精神。

创始人要找人、找钱、找方向，其中找人排第一位。

罗永浩回忆自己的手机创业史，说道："锤子科技初期，几乎全都是小兄弟。那时候唐岩跟我说，你一定要保证团队里有几个有分量的、真正意义上的合伙人。他们敢跟你拍桌子，而你会重视，会担心。如果他们一拍桌子，你就直接让他们滚蛋，那这个团队的天花板就是你了，公司就很难再上几个台阶。但因为我认识不深刻，重视不足，锤子科技足足做了四年，才开始有几个重量级的合伙人加入。他们比我的薪资高几倍，一个人就能撑起整个部门。第一次有人争论跟我拍桌子时，我坐在那儿仔细想了想，实在不敢让他走，只好忍了。从这时候开始，公司管理团队就健康多了，但毕竟还是做得晚了。"

今日头条的张一鸣认为，公司成长、业务增长的关键在于，让优秀人才的密度超过业务的复杂度。

美国打车公司 Uber 在闪电扩张时，经理们会问每一位新聘请的工程师："你以前在工作中合作过的最好的三位工程师是谁？"然后 Uber 给那些工程师发录取信。没有面试，没有背景调查，只是一封录取信。Uber 需要快速扩展工程师团队，这是 Uber 采用的手段。

很多创业者认为，说服一个有能力的人为自己工作特别难，于是他们就偷懒去找一些自己信任的人，其实这是对执行力的稀释。

2010 年的 10 个月里，雷军给晨兴资本合伙人刘芹打电话，表示自己很痛苦："我和一个人谈了 5 天，每天 10 小时以上，我说服不了他。"确实，世界上有些人会立即喜欢上你，有些人则不会。要想成功，必须不断忍受拒绝，以争取得到最终的肯定。人生不过就是找到那些和你一见如故的人，而对那些不接受你的人一笑而过。即使有成功经历的雷军创业,说服一个有能力的人来为他工作也不容易。实际上不管你有多优秀,自己很强、还能欣赏别人的强大且有能力把最强的人聚集起来,这才叫有领导力。发现别人的缺点是一种洞察力,而能发现别人的优点则是一种境界。这与战略相关,为什么呢?如果要招揽一个很厉害的人,那么你野心不够大怎么能说服别人呢?

如何挖人?

曾经做过美国吉列剃须刀 CEO 的詹姆斯认为,公司成功的一个标志是猎头公司盯上了你的团队成员,拼命地想把他们挖走,公司成功的另一个标志是团队成员拒绝离开。这种提法很别致,也很有趣,但的确是一个相当有效的衡量标准。

得到创始人脱不花在自己的书《沟通的方法》中讲了个挖人的故事:"我从得到高研院的同学陈光健身上,学到了关于可视化的一个妙招。当时,陈光健想挖一位高管,总是挖不来。最后,他想到一个办法,就是把自己的办公室腾出来(这间办公室正对着黄浦江,视野开阔,非常漂亮),然后把那位高管请到公司里,一路参观介绍,参观的最后一站就是那间办公室。对方问他'这地方寸土寸金,怎么还空了一间?'他说'这原来是我的办公室。从今天起,就是你的办公室了。来,钥匙给你。你什么时候来,什么时候就能用这间办公室了。'这位高管就这样被挖来了。"

2007年正是赶集网与58同城争夺市场流量的时候。以搜索引擎优化(SEO)起家的陈小华,被称为流量增长黑客。湖南人陈小华入职赶集网之后,几个月就把流量从日均几万次提升到了40万次,将原本的行业老大58同城远远甩在身后。姚劲波慌了,当他听说赶集网背后的高手是陈小华后,就立刻发起了挖人攻势。一开始,姚劲波跑到赶集网的办公楼下蹲点,非要请陈小华吃烤肉。然后姚劲波又以湖南老乡的名头邀请陈小华来参加自己的生日聚会,请陈小华唱歌,还跟包厢里的人说陈小华是未来的技术负责人,气得陈小华回去就拉黑了姚劲波。电话打不通,姚劲波就开始死缠烂打。一个月后,姚劲波将电话打到陈小华办公室,告诉他:"我是姚劲波,我在你们楼下。你要是不下来,我就上去了。"姚劲波甚至还动员了陈小华的前上司来说服他。最后,老姚的诚意打动了陈小华。

陈小华成为58同城的"空降兵",头顶副总裁的头衔,手中握着公司的期权。8个月后,58同城的流量反超赶集网。

三

请亲自面试前500位员工。

控制员工人数和掌控招聘权是优秀创业者的必备技能。太多创始人在拿到融资或人力资源总监到位之后,便下放招聘权,随后公司开始出问题。卫哲说:"马云亲自面试,直到公司规模达到500人。"所以当时被马云面试过的一个前台,后来才有可能成为阿里巴巴副总裁。

字节跳动早期最主要的人力资源总监是张一鸣,他在QQ、微博建立"可招对象"分组,连前台都亲自面试。张一鸣曾在内部强调,招聘是字节跳动最重要的管理工作,决定了战略能否成功。马斯克说过:"我只让最聪明的人为我工作。"SpaceX的工程师大部分都是顶尖学府的尖子生,前1000位员工包括门卫、清洁工,都由马斯克亲自面试。特斯拉如今每年大约收到100万份简历,录取率小于

0.5%，远低于美国众多常春藤名校的录取率。面试的问题包括：你站在地球表面，往南走 1 英里，往西走 1 英里，再往北走 1 英里，刚好回到原点，请问你在哪里？

风险投资家莱恩·贝克（Ryan Baker）认为，杰出的人才是创业企业的核心基础，因为他们管理水平更高，更能随机应变，吸引其他优秀人才。

下面推荐一些优秀的选人方法。

香港科技大学李泽湘教授回忆自己的求学经历说："美国铝业公司在 1978 年访问中国，它是第一个来访的美国财团，中国对此很重视，接待周到，美国铝业公司当时就提出给中国的两个大学生提供奖学金并提供三个访问学者名额。大学生就在冶金部的三个学校，中南工学院、东北工学院（现东北大学）和北京钢铁学院（现北京科技大学）找了两个 78 级学生。多年后我找到当时的教务处长，问他当年是怎么选学生的。他讲了几个点，高考的成绩、第一学期的成绩、面试表现。有一点让我很惊讶，他还看这些学生是不是中学老师的孩子。我爸是中学老师，我妈是小学老师。因为那时大家都不读书，连教材都没有，要想学点东西，只能靠父母在家里教一点。"

被巴菲特尊称为老师的3G资本创始人豪尔赫·保罗·雷曼（Jorge Paulo Lemann）在管理方面有独门秘诀。在人才招聘上，雷曼有自己独特的标准，一直专注于寻找满足PSDs标准的人，即出身贫寒（Poor）、聪明（Smart）、有强烈致富野心（Deep Desire to Get Rich）的人。同时，公司将总人数稳定在200人，每年通过"烟雾弹会议"淘汰10%。"烟雾弹会议"不仅适用于员工，合伙人也不例外。因为雷曼的思维方式是：懂得让位才是精英体制的精髓，位居高位的人不应阻止雄心勃勃的年轻人往上爬。

王育琨老师曾经介绍过"夏普案例"，令人拍案叫绝。夏普于1912年成立，开始时搞皮带扣，后来正式进军医疗仪器产业，中间每隔三五年就研发新的产品，而从一开始就聘请的技术员，一个也没有被辞退。新的行业，新的产品，新的业态，那些老技术员为什么不会被辞退呢？这里面隐藏着夏普百年传承的重要秘密：选择创新能力强的人才。与许多日本百年企业一样，夏普选择人才的标准为，不招某个行业的技术尖子，不招名牌大学的毕业生，不招那些自认为特别聪明的人。其选择人才的标准包括对精进的渴望、人的品德、人际关系三个层面。每一个标准之下，又分为许多因子。例如，在对精进的渴望一项下有创意功夫、问题解决能力、挑战欲、自发性、主动性、达成动机、率先垂范等因子；在人的品德一项下有责任感、诚实、居敬、品德、公平性等因子；在人际关系一项下有协调性、相互信赖、团结力等因子。这些基本价值导向，不是写在墙上让人看的，而要在每个人的一举一动中体现出来，还要根据现实对每个人进行全方位打分评价。一个人录用与否、晋升与否，都与这些价值行为特征密切相关。

"我们只招成年人。"这是 Netflix 的一条文化准则。Netflix 是世界上最大的在线影片订阅服务商之一，出品过《纸牌屋》等著名美剧。"我们只招成年人。什么叫作成年人？小孩子才发脾气，成年人从不抱怨，而是自己动手解决问题。成年人就是那些清楚地知道自己要什么，并且愿意为之付出努力的人。" Netflix 坦诚公布彼此的薪资，还建议员工出去面试，甚至坦诚地告知某位员工该离开公司了。成年人渴望成功，并且清楚自己和公司之间是平等的契约关系。

关于面试

知乎上有个高赞的面试问题，答主说："过去六年中，我面试过接近 1000 人，录用过其中的上百人。我几乎每次必问的一个问题就是，你有什么业余爱好，你坚持了多少年，你从中学到了什么？因为我坚信，一个人一旦在一件事情上有过多年坚持，不断进步的体会，他很容易把这种体会带到其他事情中。这是重要的特质。"

很多跨国公司，至少坚持跨两级招人，阿里巴巴一度恢复到跨四级招人。所以，阿里巴巴人力资源工作的改进，从招聘这个源头开始。而改进招聘工作的第一件事，就是不轻易下放招聘的权利。

脱不花说："有家初创公司的价值观里有一条叫'all in'，也就是推崇拼搏精神。其在面试一些关键岗位员工的时候，会有意把时间安排在晚上 11 点。这就是在向候选人传递信号，如果你认为生活品质高于工作，过了下班时间，老板最好别发消息，那你可能连面试都不用参加了。"

美国城堡投资创始人肯·格里芬（Ken Griffin）不同寻常的地方在于，他不只是一个投资天才，而且还是一个杰出的人才管理者。他煞费苦心地到处寻找商品交易人才，有次恰逢安然破产，他付给安然一大笔钱，买到了一个权利：获准进楼面试所有交易员。他带领高管到休斯敦现场办公，一个一个面试，当场发offer，一下就组建了一支世界顶尖的大宗商品交易团队。

集体面试是缓和老人和新人矛盾的好方法。

阿里巴巴原总裁卫哲说："我访问谷歌时旁听了谷歌的面试，共有6位面试官，其中2~3人是助理、行政，他们并不懂技术，业务能力也不强，但也会参与面试。面试完，谷歌会问这些面试官一个问题，你见了这个人以后，愿不愿跟他一起出去旅游？说大了，创业和企业经营都是走在路上，这就是在问，你愿不愿意和他一起同行。这就是'味道'，你肯定不愿意跟'味道'不相投的人一路同行吧。"阿里巴巴后来在招聘上，也用了"味道"这一招。

亚马逊创始人贝索斯在老东家萧氏基金公司学会了很多管理技巧并沿用至亚马逊。亚马逊喜欢雇用数学和科学奇才，这些都是刚刚跨出一流学校校门并且在相关领域表现非凡的人。亚马逊还把富布赖特奖学金获得者、知名院校的优等生名单一一过目，主动向他们发出邀请函。面试官聚在一起，从以下4种雇用意向中选出其一：强烈不建议雇用，建议不雇用，建议雇用，强烈建议雇用。只要有一票否决票，应聘者就出局。

索尼创始人之一井深大曾去东芝面试，但没有通过，因为他过于关注内在的东西，无暇顾及别人提出的问题。他对事物的浓厚兴趣总能达到痴迷的程度，他如此专注，甚至有时看起来好像得了自闭症。

四

1981年出生的李想是一位连续创业者。李想曾总结自己的三段创业经历：第一次创业他只关注竞争，最后没有赢。第二次创业，他更关注用户，然后赢得了市场。到了第三次创业，他更关注组织。

阿里巴巴认为，任何问题都是组织的问题。

军队和教会是有效性最强、效率最高的两种组织。现代企业的管理模式往往向这两种组织学习。市场上最后胜出的公司都是具备了真正中台组织能力的公司，如何把一次次随机成功变成系统化的、更确定的、有中台能力支撑的成功，是企业家成长中面临的问题。干嘉伟说："组织能力涵盖广泛，但对于所有公司来说，战略能力毫无疑问是第一位的，包括学习、产品、技术、管理、融资、营销、文化等方面。"以我的经验来看，一个创业公司只要清晰认识并建立其中最核心的3~4个组织能力，就能战胜赛道里大多数的竞争对手。

实际上，组织能力就是领导力和组织文化力（包括组织战略和组织战术）。

领导力超强的公司，组织文化力弱一点也没事；如果领导力弱，那么组织文化力一定要强，即有系统化的组织能力。领导力，是指在管辖的范围内充分地利用人力和客观条件以最小的成本办成所需事务的能力，包括六方面：学习力、决策力、组织力、教导力、执行力、感召力。对此，任正非有很多表述，其中颇有代表性的是："如何区分领导好不好？第一，看他有没有敬业精神，对工作是否认真，多问问改进了，还能改进吗？还能再改进吗？这就是工作敬业精神。第二，看他有没有献身精神，是否斤斤计较。我们的价值评价体系不可能做到绝对公平，我认为献身精神是考核干部的一个重要因素。"

富士董事长古森重隆指出，为什么活跃在第一线成绩卓越的员工，到了五十岁左右，升任部门经理之后，就不思进取了？因为这些人年轻时没有预想到将来能升任高级主管，缺乏专业训练。所谓训练，即锻炼身心，研读历史和哲学名作，思考问题，培养大局观，拓展视野。缺乏大局观和价值观的领导不敢做出决策，缺乏勇气的领导也无法做出决断。

群星闪烁的组织文化

2013年任正非说："我把热力学第二定律从自然科学引入社会科学，就是要拉开差距，由数千中坚力量带动十五万人的队伍持续向前。我们要不断激活队伍，防止'熵死'。我们决不允许出现组织'黑洞'，这个黑洞就是惰息,不能让它吞噬了我们的光和热,吞噬了我们的活力。"华为总体上依靠的是快,即学得快、做得快、改得快。快的背后是勤奋,勤奋造就组织活力,包括上上下下的组织活力。任正非之所以推崇熵减的管理哲学,是因为熵减的核心价值就是激活组织和组织中的人。

已经过世的链家创始人左晖曾说:"我们每次发期权都会说清楚,表明它跟什么事情有关系。这是组织长期鼓励的事情。我们的组织文化就是不让雷锋吃亏,并长期以来取得了大家的信任。"(很有意思,华为的组织文化是以奋斗者为本与不让雷锋吃亏。)左晖还在十多万人的组织里提出了一个非常简洁的文化主张:直言有讳。意思就是:有话要直说,方式要恰当。

史蒂夫·鲍尔默接班微软以后,微软股价长期徘徊在一个箱体内。纳德拉2014年任微软CEO以后,2014年2月至2015年9月,微软的股价处于徘徊阶段,但当他把整个公司的价值观更新了一遍以后,微软的变化非常大。以前微软采用末位淘汰制,比较残酷。纳德拉上任以后取消末位淘汰制,个人的考核方式变了,他考核的是:"请举例说明,在你获得成功的过程中,谁帮了你的忙。在别人的成功过程中,你帮了哪些忙。"通过这一条,整个公司文化就实现了团队化,而不是内部的钩心斗角。所以微软在2015年9月以后,股价从40美元涨到156美元,涨了3倍多。

镁伽科技是一家生命科技领域的机器人厂商,创始人黄瑜清认为,组织文化是非常重要的一点:"一点点的理想主义,可能就可以弥合日常沟通里的许多分歧。"每年镁伽科技会组织公司的骨干和管理层去沙漠徒步,这在黄瑜清看来是最好的团建,没有之一。"有一年去腾格里沙漠,很多同事一进沙漠鞋底就烫掉了。但是我们基本上全程走下来了,两天一夜,在沙漠徒步近30公里,整个过程充满挑战,也很痛苦,但我觉得大家集体咬牙坚持走完,对于凝结团队士气有非常大的帮助。"

2012年2月19日,王兴发了一条微博:"上周五开会时,一个年轻同事的一句话至今回荡在我耳边。当时大概是晚上12点,讨论接近尾声,需要员工整理会议纪要,涉及流程图的部分用Visio画比较好。我问员工会用Visio吗,她毫不犹豫地说'我可以学'。这四个简单的字里有无穷的力量。"

起初，这条微博并没有太多深意。而今天，"我不会但我可以学"成了美团的组织文化，在美团耳熟能详。

美团联合创始人王慧文回到清华大学讲课，聊了聊美团的组织文化——不设限。"对于一家公司来说，不要用'核心竞争力'这种概念把自己束缚住，给自己设限。最重要的只有两个，第一个是捕捉真正行业机会的能力。第二个是发现行业机会之后根据行业需要的能力，快速学习去建设这个能力。"在王慧文看来，商业中常讲的"核心竞争力"，便是典型的设限。外界看美团"很能打"，背后依靠的正是不设限的方法论。人才、组织和战略，是无法割裂的三项。让组织和人才持续学习，建设新能力，是美团战略布局得以从构想到现实的关键因素。

五

茨威格说："技术与发明之外，意志、勇气、责任、担当，是商业文明中比财富更为珍贵的东西。因为它们存在的意义,不只是推动潮水向前,还将润泽每一片流经的土地。"

创业故事

诺贝尔经济学奖得主罗伯特·希勒(Robert J. Shiller)在《叙事经济学》中,探讨了流行叙事如何影响经济与社会生活。他提出,人们倾向于分享能够强化自我观念的内容。与平铺直叙的叙事相比,戏剧般跌宕起伏的叙事,会提高听众血液中催产素和皮质醇等荷尔蒙的水平,那些附着人情味、常识、身份认同和爱国情怀等元素的叙事更容易流行。

1999年1月,马云和他的团队悄然南归。1999年2月,在杭州湖畔家园,马云在家中召开第一次全体会议,18位创业成员或坐或站,神情肃穆地围绕着慷慨激昂的马云。在这次"起事"的会议上,马云和伙伴共筹了50万元本钱,马云说:"启动资金一定是零花钱。不要向家人和朋友借钱,因为失败的可能性很大。"马云还说不能向他们许诺一个美好的未来,他可以承诺的只是500元的薪水和一起创业的艰辛,"但我们一起来做一家世界级的公司,我们的竞争对手就是美国硅谷的公司。"会议进行了全程录像,马云坚信这将有极大的历史价值。

  2018年9月,触宝的5位联合创始人一起来到纽约,敲响纽交所开市钟。当时触宝专注于海外市场,拥有触宝输入法和多款成功出海的内容型产品。触宝董事长张瞰在上市致辞中说:"能遇到一起走过10年不离不弃的合伙人,是创业最大的幸运。"在触宝的5位联合创始人中,有3位在微软的时候就是同事,任腾则是王佳梁从学校中招募过来的。触宝CEO王佳梁在上市酒会上提到,当时自己在复旦大学内部网发英文帖子说:"你是要做世界500强的螺丝钉,还是要做改变世界的人。"有一个人响应了,那个人就是任腾。当时任腾才上大二,之后他加入触宝一直到上市。启明创投合伙人邝子平是触宝的投资人,他认为自己投资了那么多公司,没有一家公司能像触宝的创始团队这么团结。王佳梁说:"对我们5位创始人来讲,第一,我们有背靠背的信任,也就是说我从来不会担心其他创始人在背后说我的坏话。第二,我们根本不在意利益上的分配。

刚开始谈股权的时候，从地铁的台阶上面走到底下我们就把股权分配谈完了，之后 10 年没有改变过，非常简单。"

创业最初，青藤云的创始人张福立志于找到志同道合的人。他曾给合伙人开出极为苛刻的三个条件：月薪在 1 万元以内；拿出积蓄投入公司；周一至周六必须一起住在公司。本以为没有多少人会答应如此苛刻的条件，但张福不仅找到了合伙人，还一口气找到了 8 位意气相投的同伴。张福的梦想很简单，他曾对安全行业的未来有三个基本的判断：一是资本层面将迎来网络安全风口；二是国家对安全将越来越重视，安全行业会迎来一个大的机遇；三是未来 10 年中国一定会出现营收过百亿的公司。"创业不能等"，张福说，"如果机会来的时候，我们还没准备好，可能这个机会就错失了，所以大家立刻就要出来创业，而且每天都要拼命地干。"创业初期，张福在小区里租了个一百多平方米的房子，两个房间当会议室，一个房间当宿舍。最初创业的 9 个人挤在公司宿舍，每周只能回家一次看望家人。除了创业早期"抛家弃子"，张福还规定大家每天早上六点半起来跑步，其中最苦的一名合伙人，每天晚上写代码到凌晨三四点，依然六点多起来跑步。张福表示，一起创业的都是比较有抱负且付得起代价的人，大家就是这么一点点坚持下来的。

雷军创办小米的第一步是寻找人才，因为他明白，只有和真正优秀的人一起创业，最终才能获得成功。为了说服某个人加入小米的创业团队，雷军能够与对方长时间交流，一谈就是数个小时，甚至彻夜交谈。在创业初期，雷军花了6个月专门寻找人才，最终才组建了自己满意的初始创业团队。雷军组建的初始创业团队共7个人，除了他自己，另外6人分别是：林斌，曾经在微软担任高管，职务为谷歌中国工程研究院副院长，谷歌全球工程总监；黄江吉，不到30岁就成为微软工程院首席工程师；黎万强，金山公司的高级管理人员，曾任金山软件设计中心设计总监，是国内用户体验领域的领军人物；周光平，美国乔治亚理工学院电磁学与无线技术博士，曾经担任摩托罗拉北京研发中心高级总监；洪锋，毕业于美国普渡大学，获得计算机科学硕士学位，是谷歌高级产品经理，主要负责谷歌日历、谷歌地图3D街景等项目；刘德，北京科技大学原工业设计系主任。

每个时代的人,都打造着属于这个时代的梦想。如果你渴望有所作为,你就需要对那个时代的呼声做出回应。

马云创建阿里巴巴时,虽然有"十八罗汉",但这些人大多都是马云的同学或朋友。马化腾创业时,合伙人则都是同学,5位腾讯创始人平均年龄27岁,一起做成一个5000亿美元的公司。雷军创建小米时,找到的都是十分优秀的人。

大江东去,浪淘尽,千古风流人物。江山如画,一时多少豪杰!

第十二课

想象力比知识更重要

目标要不切实际才更可行。

对一个创业者来说,清华北大不如胆大。美国第45任总统唐纳德·特朗普(Donald Trump)说:"我最喜欢大胆地去想。多数人的想法谨小慎微,他们害怕成功,害怕做决策,同时也害怕胜利,这给了我这样的人很多机会。"

2000年,孙正义只见了马云6分钟,就决定投资马云2000万美元。阿里巴巴成功后,大家笑着回忆这次会面。孙正义说:"首先马云有种'动物的气息',他的眼睛里有一种光。其次我可以感觉到企业好不好。"马云说:"孙正义是个大智若愚的人。他神色木讷,说的英语很古怪,几乎没有一句多余的话,仿佛武侠中的人物。在6分钟内我们都明白了对方是什么样的人。第一,都是迅速决断的人。第二,都是想做大事的人。第三,都是能实现自己想法的人。我根本没必要去说服他,6分钟以内,我讲一下自己想做的东西,6分钟后他就表示要投49%。然后我们谈来谈去,谈我们成为《时代周刊》《商业周刊》的封面人物,拓展全球市场。所以我就说他很聪明,我跟很多人讲6个小时对方都不明白,跟他讲6分钟他就明白了。"

永远不要低估那些高估自己的人。世界上第一难的缘分是千里马遇到伯乐,第二难的缘分就是一个大胆的人碰到另一个大胆的人。杭州师范学院毕业的马云于 1999 年创办阿里巴巴,带领着衣衫褴褛的 18 个罗汉喊出了"要让天下没有难做的生意"的口号。家境贫寒的孙正义在 19 岁就拟定了"人生 50 年计划":20 岁成名;30 岁身价千亿日元;40 岁赌一把,赌注必须以万亿日元起步。马云的目标是要做一家寿命为 102 年的公司,因为阿里巴巴于 1999 年创立,存活 102 年就会成为一家跨越 3 个世纪的公司。孙正义的愿望是"建立持续 300 年的企业",这是孙正义对罗马帝国的致敬。

陈胜、吴广起义,召集众人曰:"壮士不死即已,死即举大名耳,王侯将相宁有种乎!"徒属皆曰:"敬受命。"

《基业长青》的作者詹姆斯·柯林斯(James Collins)将赌上公司命运的目标命名为"远大、艰难、大胆的目标"(Big, Hairy, Audacious Goals, BHAG)。他认为,真正的 BHAG 有很强的说服力,能够集中所有人的力量。所谓创业,就是一场 Passion War(激情战争)或一场 Ambition

War（野心战争）。"钢铁侠"马斯克在上大学的时候就常常思考，这个世界面临的真正问题是什么，哪些会影响到人类的未来。他认为是互联网、清洁能源和太空。后来他依约进入了这3个领域，并扔下PayPal、特斯拉和SpaceX 3枚重磅"炸弹"。虽然历经资金链断裂、火箭多次爆炸、汽车质量投诉等难关，甚至压力大到在镜头前落泪，但马斯克还是马斯克，王侯将相宁有种乎！马斯克近日"脑洞大开"，又在出售所有的地球房产。记者询问原因，马斯克反问记者："我有火星，还要房子干什么？"

1961年5月25日，44岁的肯尼迪总统发表登月演讲："我相信现在到了这个国家兑现承诺的时刻，去完成这个目标。在这10年结束前，将人类送上月球，并让人类安全返回地球。"根据民调，当时美国58%的人反对这一计划。但肯尼迪在演讲中说："我们的先辈使这个国家掀起了工业革命的第一波浪潮，掀起了现代发明的第一波浪潮，掀起了核能技术的第一波浪潮。而我们这一代绝不会甘愿在即将到来的太空时代的浪潮中倒下。我们要加入其中——我们要领先世界。"但有人问，为什么选择登月？为什么选择将登月作为我们的目标？他们也许还会问为什么我们要登上最高的山峰？多年前，伟大的英国探险家乔治·马洛里（George Mallory）在攀登珠穆朗玛峰时遇难。曾经有人问他为什么要攀登珠峰，他回答："因为它就在那儿。"选择登月，不是因为它简单，而是因为它更难！1963年11月，46岁的肯尼迪不幸去世。

1969年7月20日，阿波罗11号登陆月球，人类的梦想实现了！人们经常用"为大场面而生"来形容那些在体育场上力挽狂澜的明星运动员，因为同渺小的对手战斗，胜利只能使他们变得同样渺小。而马云、孙正义、马斯克、肯尼迪内心渴望的是，要么大胜，要么宁可英勇地被更强大的对手击败。

人生苦短，不妨想象得更大胆一点。正如诗人罗宾逊·杰弗斯（Robinson Jeffers）所说：

"终有一日，地球会抓挠一下自己，
微笑着将人性轻轻抹去。"

第十三课

谦虚使人进化

面对理性可能出错的情况,

我们如何"正确地失败"?

这世界充满了才华横溢的穷人。

原因有两个：一是聪明人往往自以为是，反而在更为艰难的道路上疲于奔命；二是许多才华横溢的理想主义者愤世嫉俗、傲慢，俗话说"不会好好说话"，在待人接物方面没有分寸感，导致路越走越难，或者不够谦虚，不愿包容不同的价值观与世界观，一受挫就把世界看成一片黑暗，进而觉得美好的东西是不存在的，最终放弃理想、放弃追求。"世界是一场荒谬，我惟有以荒谬对之。"

两者都是由不够谦虚引发的并发症。

实际上人类自古就是傲慢自大的，直到被科学的进步两次"打脸"。在西方，第一次是，人类认为自己是上帝造的，是世上独一无二的生灵，直到达尔文提出"进化论"，才发现人类是从猿猴进化而来的；第二次是，古代人类一直认为地球是宇宙的中心，太阳和星星都是围绕着地球转动的，直到哥白尼提出了"日心说"，才发现地球是绕着太阳转动的。最后科学家甚至发现，整个宇宙中大概有 2000 亿以上个星系，而单个银河系的恒星就有约 2000 亿颗，宇宙里的恒星可能比地球上的沙子都多，而人类只不过是小小的一粒尘埃而已。

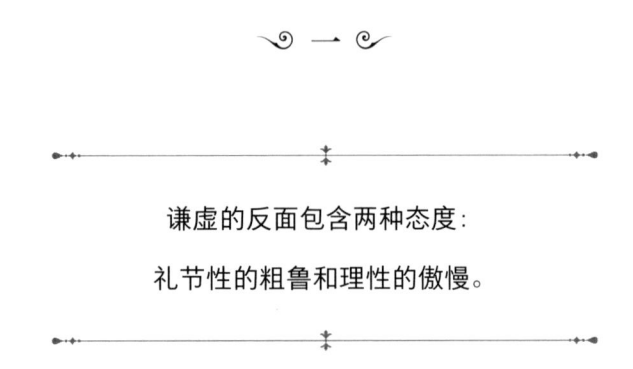

> 谦虚的反面包含两种态度：
> 礼节性的粗鲁和理性的傲慢。

刘备与两位兄弟桃园三结义，最后只有刘备善终，关羽和张飞的终局都是被斩了头颅。陈寿在《三国志·张飞传》中提及："羽善待卒伍而骄于士大夫，飞爱敬君子而不恤小人。"看上去关羽、张飞对待两类人群态度截然相反。关羽善待手下的士卒，而对士大夫不以为意；张飞对士兵态度恶劣，对士大夫却很尊敬。但两者都是礼节性的粗鲁，张飞素质较差，关羽性格较差。

我碰到过素质很差但性格还行的人，碰到过性格很差但素质不错的人，还碰到过素质很差且性格也很差的人。

在《三国志·关羽传》里，孙权想与关羽联婚，让自己儿子与关羽女儿结婚，也好进一步加强蜀汉与东吴的联盟。但是，关羽对孙权派来的求婚使者恶语相向："犬子怎能配上虎女？"因此得罪了孙权，东吴与蜀汉的关系完全破裂。后来，愤怒的孙权向曹操示好，谋取荆州，关羽兵败被斩下头颅。孙权借机讨好曹操，将关羽的头颅送给了曹操。关羽虽勇猛骁战、义薄云天，但狂妄自负、眼高过顶，最后不得善终。张飞则对士兵严厉凶横，在为关羽报仇、出兵伐吴时，为一点小事鞭挞自己的两位部下。于是当晚，两位部下趁着张飞喝醉，潜入帐中，谋杀了张飞，并且带着张飞的首级投奔了孙权。

金圣叹关于《水浒传》中粗鲁人物的分析令人印象深刻，他说《水浒传》中人物的粗鲁有诸多不同："鲁达粗鲁是性急，史进粗鲁是少年任气，李逵粗鲁是蛮，武松粗鲁是豪杰不受羁绊，阮小七粗鲁是悲愤无处说，焦挺粗鲁是气质不好。"饶是有趣。

理性的傲慢指一种精神状态，含有自高自大、目空一切的意味，或者觉得自己很了不起，自己都是对的。巴尔扎克说："傲慢是一种得不到支持的尊严。"但丁认为,七宗罪中的"傲慢"最难去除,因为它是来自精神上的。

中世纪著名的神学家托马斯·阿奎那(Thomas Aquinas)在评注亚里士多德的《尼各马可伦理学》时,撰写了《论恶》一书,书中对宗教罪做出了具体的描述,顺序是:傲慢(Pride)、嫉妒(Envy)、懒惰(Sloth)、愤怒(Wrath)、贪婪(Greed)、暴食(Gluttony)和淫欲(Lust)。七宗罪之中以暴食为最轻,以傲慢为最重。暴食和淫欲为肉身之罪,而贪婪、懒惰、愤怒、嫉妒以至傲慢均为心罪。傲慢虽为心罪,但也可能跟人的智商有关。人的智商分三种:逻辑智商、内省智商和经验智商,前两种智商不够可能会导致傲慢。两位心理学家杜宁(Dunning)和克鲁格(Kruger)在心理实验中发现,在幽默感、文字能力和逻辑能力上最欠缺的那部分人总是高估自己:当他们实际得分只有12%时,却认为自己的得分在60%以上。

二

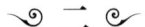

谦虚的第一个境界：
礼节上的谦虚——柔软是立身之本。

王志文有段经典台词："在社会上混，有一条铁律，就是你说点好话，就能搞定 50% 的人。你给点东西，就能搞定 70% 的人。你说点好话再给点东西，就能搞定 90% 的人。说投其所好的话和给点恰如其分的好处，你就能搞定 99% 的人，剩下的 1% 就不用考虑了。"

《滚雪球：沃伦·巴菲特和他的财富人生》中提到，16 岁的巴菲特进入高中后，发现自己不讨人喜欢，也没有朋友。这时他看到了一本很特别的书，是一个以前做过销售的人——戴尔·卡耐基的一本平装书。这本书有个非常诱人的名字：《人性的弱点》。巴菲特明白自己需要交朋友，而且他也想影响他人。巴菲特打开书，第一页就勾住了他。卷首语是:"如果你想得到并增加你的财富,那就不要去捅马蜂窝。"挑剔、批评和非难无济于事,卡耐基写到。规则第一条:不要批评、谴责或抱怨。这个观念吸引了巴菲特。对于批评这件事,他理解和体会得太深了。卡耐基说,批评让人们处于一种防御状态,会使他们竭力想要证明自己是对的。

曾国藩的"中年变法"

读张宏杰的《曾国藩传》,我认为里面最有趣的就是讲曾国藩从清高走向谦虚这一段,张宏杰称之为"中年变法"。1857年,咸丰皇帝一道"着照所请,在籍守制"的圣旨,解除了曾国藩的兵权,曾国藩只好回湖南老家奔丧。46岁的曾国藩迎来了人生的低谷期。在此之前,曾国藩是个典型的湖南人,性格霸蛮,恃才傲物,不仅跟周围官员对着干,还敢经常上奏批评咸丰皇帝。

在家的这两年,曾国藩拿起了朋友推荐的老庄著作,两千年前的圣人之言给了他很多启示。曾国藩反思自己的过往,总结自己为人处世的四大缺点:偏激、好名,也就是过于重视获得好名声；喜欢公开批评别人的过恶；做事有始无终；待人接物过于怠慢。对应的解决方案也有四条，那就是：做事平心静气，更多地考虑他人的感受，站在他人的角度看待问题；更多地表扬他人，表扬他人的长处；做事有始有终，越到后面越慎重；待人接物要更诚、更敬。在家蛰伏两年，脱胎换骨，经过反复思考后，曾国藩认识到，要想做成一番事业，就要懂得示弱和退让。悟透了这一点，曾国藩感觉眼前的一团迷雾忽然散开了。

两年后咸丰无人可用，只能重新召曾国藩回来。刚开始咸丰担心曾国藩会赌气，不肯回来，可曾国藩的反应却出乎所有人的意料。咸丰的旨意是六月初三到达的，初七曾国藩就动身出发了，没有任何讨价还价。曾国藩还主动上了一份奏折，以沉稳又谦逊的语气向咸丰检讨了自己的错误。咸丰看到后非常满意，对曾国藩的印象大为改观。出发前，曾国藩也给各军将领、各地封疆大吏写信，以谦恭的语气请求他们指点自己。到了长沙后，曾国藩又立即前去拜访大小衙门，一改以前那副自视清高的模样。同时，曾国藩也改变了自己以前不愿举荐部下的习惯，开始大力保举他们，并鼓励部下也要多保举他们认可的人。

就这样，曾国藩完成了自己的"中年变法"，为后半生的事业打下了坚实的基础。

阿西莫夫的"少年变法"

《基地》的作者、美国伟大的科幻作家艾萨克·阿西莫夫从小就颇有天赋，他也喜欢处处炫耀自己的知识，但这导致他跟老师和同学都处不好关系（与巴菲特中学时情况类似）。但是25岁的某一天，他突然变了。

阿西莫夫在自传中回忆了那一天。

那一次我正和一帮农场男孩参加夏威夷的夏令营，这些农场男孩在讨论原子弹，3个人中有一个人主动向另外两个人解释原子弹的工作原理。不用说，这个人全都说错了。我很不耐烦地放下书，站起来准备插话，承担"聪明人的重任"去教育他们。不料，我才站起来了一半，突然想："谁请你去做他们的老师了？他们对原子弹的错误认识真的会伤害他们吗？"我又躺下去看书了。这是我记忆中第一次故意克制自己，不显露自己卓越出众。这并不意味着我的性格彻底地改变了。这只是在我称之为塑造新我的过程中的一步,很小的第一步。我在许多人的眼里,仍然很讨厌,我仍然和我的上司相处不好,但是我开始变了。我开始懂得收敛了,不再一天到晚露出一副自以为聪明的面孔。

再后来,有人问我,我就回答,别人要我解释,我才解释。我写教育文章给那些希望阅读的人看,但是我学会了不自告奋勇,不主动展示自己的学识。变化是很令人惊奇的,我似乎慢慢地成熟了。在此过程中,我似乎改变了性格中的最要紧的东西——那种"我全知道"的综合征,它使我不受欢迎。

我发誓,这一切就源于夏威夷的夏令营。

阿西莫夫还分析了自己25岁那次改变的原因:"为什么会在那时发生呢?也许我不习惯当时的角色,我年龄最大,被人称作'大伯',我内心形成了由年龄造成的庄重。也许我学业上的杰出才能日渐式微(读大学后,阿西莫夫学业退步),我不再那么张扬地表露自己的聪颖,从而避免了招致周围人反感。"

三

谦虚的第二个境界：

理性上的谦虚——警惕"自身的傲慢无处不在"。

世界上著名的保守主义者埃德蒙·伯克（Edmund Burke）深信，人类最重要的美德是谨慎和谦卑。伯克觉得人类的理性虽然重要，但并不值得完全信赖，因为理性也会出错。1936年，凯恩斯在《通论》序言里写下一句后来经常被巴菲特引用的名言："困难不在于想出新主意，而在于摆脱旧观念。"摆脱旧观念的本质是否定过去的自己，这对很多人而言不容易做到。尤其是如果过去很成功，摆脱过去的自己就更不容易了。

但是，如果不时常改变自己的想法，就意味着将严重低估这个世界的复杂性。

因为人在本能反应下都不喜欢听相反的意见，大部分人听到他人建议（无论善意与否）的第一反应就是：反感、叛逆、不舒服。法国哲学家和数学家勒内·笛卡儿给了我们一个说服自己的理由：遵从第一性原理，第一性原理就是指"系统性地怀疑你可能怀疑的一切事物，直到你获得无可置疑的真相"。小孩如果从小学习批判性思维，相当于创建了一面心理防火墙，可以避免自己的大脑建立错误的概念，马斯克把它比喻成拥有"一个抗心灵病毒的防御系统"。

弗里德里奇·哈耶克（Friedrich Hayek）说："通往地狱的道路，通常是由人们的善意铺成的。"历史上有很多大公无私但自视绝对"正确"的人物，他们自信傲慢，不承认自己的局限性，对社会造成了不小的伤害，这样的例子在历史上举不胜举。刘鹗曾在《老残游记》中痛责某类"道德自信"的"清官"："赃官可恨，人人知之，清官尤可恨，人多不知。赃官自知有病，不敢公然为非；清官则以为不要钱，何所不可？刚愎自用，小则杀人，大则误国，吾人亲眼所见，不知凡几矣。"

谦虚的人听得进话,懂得"高人指点,贵人相助"的重要性。

因为这个世界上极难也极昂贵的就是栽培人。搭建学习曲线这件事没有旁人可以替代,许多人在意识到"Unknown unknown"(未知的未知)之前已经蹉跎太久了。

正因为这点,人生导师尤为珍贵。

海豹突击队指挥官克里斯·福塞尔(Chris Fossel)提到,曾经有一个人生导师给了他一个建议,他一直在践行。这就是:设定一个三人名单,这三个人你要始终观察。其中,一位是你尊敬的前辈,一位是你的同辈并且比你优秀,还有一位是你的下属并且他的工作比曾经的你做得好。始终观察、学习这三个人,并对照自己,直到你做得非常好了以后,再找三个新的学习对象。库克从人生导师乔布斯那里学到的重要的一点就是"弃子":最难的决定是"不做什么"。不论对个人还是公司而言,都是如此。最难的是你要放弃不好的想法、一般的想法和次优的想法,专注于几种产品,做到最好。库克回忆说,人们往往记得乔布斯的才华,却忽略了他的专注力。大家不理解乔布斯总穿同样的衣服，因为他要避免去做一些不必要的事情。1997年，面对快破产的苹果，乔布斯传达了一个理念：决定不做什么与决定做什么一样重要。他迅速砍掉了毫无特色的业务，并告诉同僚，不必保证每个决定都是正确的，只要大多数的决定正确即可，大家不必害怕。

《哈佛商业评论》介绍过 Key Connector（关键连结者）——人这一辈子如果把你的高价值社交关系写下来，倒推都是谁介绍来的，这几个人就是你的贵人，你一定要维护好与他们的关系。

1971年，14岁的孙正义坐上飞机，一个人从九州来到东京，求见日本麦当劳之父藤田田。

从小自认为是天才的孙正义，高一那年决定离开日本去美国留学。那时他已经立志成为企业家，但不知道究竟该做些什么、学些什么。于是他做了一件大胆的事情，决定去请教日本麦当劳的创始人藤田田。因为他读过藤田田写的《犹太人经商法》，很受触动。孙正义当时住在福冈县久留米市，他开始每天往藤田田的办公室打电话。接电话的是藤田田的秘书，秘书当然不会为一个莫名其妙的高中生传话。

没有办法，孙正义只好坐上飞机前往东京。他从羽田机场打电话给藤田田的秘书说："我读过藤田田先生的书，非常感动。我希望能见他一面，只要三分钟就好。现在，他看不到我，也不用跟我说话，这样就不会妨碍到他了吧。拜托您，把我说的话用笔记下来交给藤田田先生。"他进一步叮嘱，"如果藤田田先生还是没空见我，我就回去。但是，请您不要自己判断。"最后，他得到了藤田田的答复，藤田田表示可以抽出 15 分钟见面。

"我该做什么呢？"孙正义直言不讳地问道。

藤田田回答道："以后是计算机的时代。如果我像你这么年轻，我就去做计算机相关的生意。"大家留意，这是 1971 年。（在武汉大学读计算机专业的雷军，在 18 岁时读到了《硅谷之火》，被其中的内容所启发，那已经是 1987 年了。）之后孙正义一直保持着跟藤田田的联系。孙正义创办软银之后，藤田田一直是董事，软银的名字就是"软件的银行"的意思。不仅藤田田，孙正义还把自己创业初期为他提供帮助的 10 位贵人视为恩人。软银每年都有专门的恩人感谢会，在第一项事业上为孙正义提供帮助的恩人夏普副总裁佐佐木正99岁时,孙正义专门组织软银高管层为佐佐木正庆生。孙正义在便签上写下送给佐佐木正的话:"佐佐木正老师,我的一切都从与您的相遇开始!谢谢!"

投资人归江有一段话说得很好:"我们不能生活在过去的光环里,如果不能持续学习和与时俱进,你的路只会越走越窄……只要你姿态足够低,大家都愿意教你。你看王羲之出身书法世家,也有姨母卫夫人做老师,却没有停止出门拜师的热情。明代的戚继光和俞大猷,也师出多门,糅合倭寇功夫,才能迭代出戚公《拳经》和俞氏《剑经》,使得中国武技达到新的高峰。服务生出身的格斗冠军张伟丽,虚心学习现代搏击、传统武术和体能技术,才能不断超越自我和武学极限。"

四

"正确地失败"是指能够在经历痛苦的失败过程后吸取重要的教训。创业就是一场贝叶斯推理,是一种不断试错最终靠近正确目标的行为。

首先是不断试错，其次是不断复盘。DCM中国合伙人林欣禾生于中国台湾，后来在斯坦福大学就读并创办新浪，一直充满好奇心。他说："为什么要让年轻人试错？我五六岁时学滑冰，想比别人划得更快，后来我发现其实这和你多聪明无关，而是看谁跌倒的次数最多。后来每次去滑冰，我都比别人跌得更多、更狠。不怕错、不怕跌倒，才有可能学得更快。"

巴菲特说："大多数企业所有者用他们一生中较好的时光构建他们的企业。根据构建在无休止的重复上的经验，他们提高了在贸易、采购、人员选择等方面的技能。这是一个学习的过程，所以一年中犯的错误常常会对未来几年中的能力与成功做出贡献。"有时，失败带来的教训，往往蕴藏着巨大价值。

贝索斯认为，对于糟糕的结果，乳臭未干的领导者会说"我是照章办事的"，这种情况并不稀奇。但是富有经验的领导者会把它当作机遇，进行调查并改进。这个过程不是实际的事物，但它永远值得我们思考：是我们主宰过程，还是过程主宰我们？

> 不懂得复盘，再努力都是低水平的勤奋。

"复盘"一词源于围棋，即每次棋局结束以后，双方棋手把刚才的对局重走一遍，这样可以有效地加深对这盘对弈的印象，也可以找出双方攻守的漏洞，以检查对局中招法的优劣与得失，是提高下棋水平的好方法。2001年，联想创始人柳传志把复盘引入到企业管理中，并逐步将其发展为企业的核心方法论，纳入企业文化体系中。

美团的王慧文认为，一个能做出高质量复盘的组织几乎可以做好任何事。

美团总强调要事后复盘，这也和美团一直讲的"相信科学和规律"一脉相承。在一篇名为《美团人是如何复盘的》的文章里，王兴把对人才的培养总结成三句话："和高人聊，从书上学，在事上练。"其中，在"在事上练"可能是其中最有效的成长途径了。而要想从一件事情中最大程度地"榨取"经验值，就要依靠复盘的力量。有的人完成某个项目，或做得好或做得不够好，结束之后就忙着投入下一个项目。看似干净果断，殊不知浪费了学习成长路上的极佳机会：对项目的复盘。而美团将复盘作为一种方法论，要求其成为员工工作中的标准动作。原因就在于，这样能总结每次成功和失败的经验，进而总结出企业发展的规律，如此才能不断形成正循环，系统地提升效率，而非在一个坑内打转，不断消耗。

王慧文曾在演讲中强调，复盘就是要善于发现正确和不正确的事情，避免不正确的事情，然后把正确的事做得力度大一点。王兴和王慧文在做成校内网之前，放弃了近 10 个 SNS 项目，平均两个月放弃一个。在美团之前，他们的 8 个产品都失败了。但他们最终通过复盘优化，创造出体量很大的产品。

五

谦虚的第三个境界：
老者安之，朋友信之，少者怀之。

这也是最高境界。《论语·公冶长》记载，子路曰："愿闻子之志。"子曰："老者安之，朋友信之，少者怀之。"子路向孔子说："愿意听听老师的志向。"关于孔子的回答，我认为翻译成这样更好："让年老的人都安心，让朋友都信任，让年幼的人都怀念我。"因为你最终会发现，人们会忘记你说过的话，忘记你做过的事，但他们永远不会忘记你带给他们的感受。

历史上有几个身居高位，但又谦逊到骨子里的人。《华盛顿传》描述了1783年独立战争结束后华盛顿退役的场面：船开动之后，华盛顿将军脱下军帽朝岸边的人挥别，大家伫立在岸边望着船渐行渐远，久久没有离去。

在前往安纳波利斯的途中，华盛顿在费城小住了几天。在此，华盛顿和财政部审计员核对了独立战争期间记在华盛顿名下的所有账目。由华盛顿亲自签署的账单摆在审计员面前，清晰而准确，每一张上面都写明了用途。总费用很快就核对了出来，一共是 14500 英镑，其中包括劳务支出和其他费用。这些钱款都是在独立战争期间直接消耗的，并不包括大陆会议欠华盛顿的个人薪酬。从战争爆发起，华盛顿却从未向国家拿一分钱。华盛顿这种公正的作风给大家树立了一个好榜样。人们对他充满了敬意和崇拜，华盛顿所到之处，无不受到人们热情的欢迎和招待。面对众人的拥戴，华盛顿依然表现得十分谦虚低调。

华盛顿在客人面前从来不提及他在战场上的光荣历史。有一次，有位法国来宾在饭后同华盛顿单独交谈了一个小时。法国来宾有意地问到了华盛顿曾经参加过的几场战斗，但是都被华盛顿巧妙地回避了。这点让法国来宾感到十分惊讶，同时也令他更加敬重华盛顿。尽管华盛顿取得了赫赫战绩，但是他从来不在外人面前大肆炫耀，他的低调作风让那些喜欢自吹自擂的军官们汗颜。正如怀特大主教所评论的那样："再也没有任何人比华盛顿更加谨言慎行了。在同他初次交往的时候，一般人很难发现他有意地将自己同外界传说中的他区分开来。他总是避免以英雄的形象示人，他乐意将自己最真实、最普通的一面展现在外人面前。"华盛顿喜欢热闹，喜欢同年轻人在一起无拘无束地交谈。但是慑于他的身份和地位，人们见到他总会感到莫名紧张和敬畏。有一次他去参加一个舞会，他刚走进屋子，欢快的音乐立即停止了，嘈杂的欢笑声消失了，大家正襟危坐，面部表情变得异常严肃。华盛顿主动同身边的一位年轻人交谈，试图打破这种紧张的气氛，但是徒劳无功。这位年轻人甚至不敢看他的眼睛，笔挺地站着，一板一眼地回答华盛顿的问题。华盛顿见状，只好作罢，他不忍心破坏大家的兴致，便跟着一帮老绅士走进了里面的一个小房间。

　　美国独立之后，华盛顿的大陆军总司令职务到此结束。有些人会在这个时候利用自己手中的军权来获得其他权力，有人建议华盛顿利用名望建立一个君主制国家，这样华盛顿就可以做美国的国王。但华盛顿拒绝了，他回到了维农山的庄园。时间到了 1787 年，美国宪法起草会议又呼唤华盛顿。华盛顿领导了这次会议，但全程没有发言，因为他知道自己威望很高，只要他发言，就会对会议产生重大影响。所以他始终闭口不言，只是倾听所有代表的发言，让他们自由讨论。正是由于华盛顿坐镇又不发言，各州代表才能充分发表自己的观点，这才有了后来的美国宪法。1789 年，他得到选举团无异议的支持，成为美国第一任总统，然后在 1797 年功成身退，开创了总统任职不得超过两届的先例，自此总统任期形成惯例并最终写入宪法，塑造了美国的政治传统。

2022 年 9 月 8 日，伊丽莎白女王逝世。

伊丽莎白女王以谦虚的姿态度过了一生。1952 年伊丽莎白二世登上英国王位时，丘吉尔是首相，他致欢迎词时把年轻的伊丽莎白二世捧到了伊丽莎白一世的高度，而且还说，英国有女王统治的时代都是好时代，后来这些都被丘吉尔说中了。

当时的日不落帝国如此强大，但斗转星移，帝国逐渐衰落，谦逊的女王却越发强大。她在位时从未受到严重威胁,哪怕是在戴安娜王妃不幸身亡,次子安德鲁王子丑闻曝光后。伊丽莎白二世奉行的是一种"激进的谦逊主义",英国《观察家》杂志评论说,70年里,伊丽莎白二世看起来无所作为,保守乏味,实际上她一直紧跟民意的变迁和时代的步伐,从而一次次化解了君主制面临的质疑。在她之前,英国王室是不纳税的。在1992年海湾战争导致经济衰退的背景下,王室大肆翻修温莎城堡,被大众指责挥霍浪费,民意反弹剧烈,女王很快发表演讲,王室从此开始纳税。从这件事就能看出伊丽莎白二世对民意的洞察能力和柔软姿态,她有这方面的本领和天赋。虽然她对于自我的克制偶尔被他人评价为冷漠,但作为女王,她的责任不是取悦众人,而是不让大家失望。

再举一个反面例子。清朝末年,慈禧太后当政47年。

1894年甲午战争前夕,慈禧太后挪用海军军费,修缮颐和园,用于庆祝自己的六十大寿。1895年威海卫之战,北洋水师全军覆没。中国海陆两个战场均遭失败,慈禧任李鸿章为全权大臣,让其赴日求和,签订了中国历史上空前屈辱的《马关条约》,中国赔款2亿两白银。

1900年6月21日,慈禧太后用皇帝之名,写了十二道绝交书,便和英、美、法、德、意、日、俄、西、比、荷、奥匈十一国列强同时宣战了。历史学家唐德刚评论说:"一诏战天下,慈禧老太后就变成人类历史上空前绝后,最勇敢的女人了。有40年掌权经验的慈禧老太后不是这样的人啊!她原本是一个凡事都留有退路的'政治家'!这一次怎么做得这样绝?"费正清的老师摩尔斯对慈禧的评价入木三分:"太后一向做事都留有退路,只有这次她这个'政治家'只剩个撒泼的女人家了。"

六

保持谦卑,做个不愚蠢的富人。

一次在华盛顿大学演讲时,有个学生问巴菲特是如何变得如此富有的。巴菲特回答道:"我的答案非常简单,原因不在于智商，而在于我的性格、脾气和习惯。"

2007年，乔治·索罗斯（George Soros）在谷歌和埃里克·施密特（Eric Schmidt）进行了一次对话。一位台下的谷歌员工问索罗斯："我的父亲一直追随你炒股，却总亏钱，这是为什么？"索罗斯的回答是："因为我不断地犯错误，但我改正得更快。"巴菲特在致股东信中说："必须予以强调的是，尽管你们的董事长学东西算是快的，他也用了二十年时间才认识到购买好的生意多么重要。其间我也曾经寻找'折扣'，而且非常遗憾的是，还真找到了一些。我不得不好好接受了关于农业、机械制造业、百货商店及纺织业的商业学习作为惩罚。"正如芒格所言："如果把我们最成功的10笔投资去掉，我们就是一个笑话。"

在投资中犯错是难免的，差别在于错误的级别不同。一般的错误，严重的错误，致命的错误，这三者之间的差异已经足够导致财务结果天差地别。即便是巴菲特都承认，自己在不断犯错。然而为什么有的人一犯错就致命，有的人怎么犯错都不会导致严重后果呢？原因在于是否保持谦卑，在于内心深处是否对自身理性进行不断质疑：第一，主观上是否承认自己是会犯错的凡人。第二，是否分散了风险并用良好赔率弥补。"不要把鸡蛋放在同一个篮子里。"芒格说："值得注意的是，像我这样的人要通过不断努力保持不愚蠢，而不是努力变得非常聪明，从而获得很多长期优势。"

实际上相对于那些知识渊博，但连自身弱点都看不清的专业投资人，一个能实事求是面对自己短处的谦逊的投资人可能会获得更好的长期回报。

若想更好地飞行，就必须认识到重力无处不在；若想做好投资，就必须时刻警惕自身的傲慢。巴菲特在多年的致股东信中一直在说："通过定期投资指数基金，一个什么都不懂的业余投资人能战胜大部分专业投资人。因为当傻钱知道自己的缺陷时，它就不再是傻钱了。"

谦虚使人进步

作家李志刚在传记《九败一胜：美团创始人王兴创业十年》中记载：

我问王兴，创业十年你学到了什么？2014年3月1日晚，我清楚地记得，在咖啡馆昏黄的灯光下，因为感冒而精神不大好的王兴，一脸严肃地说："我学到了，人非常重要的状态是，既非常自信又非常谦逊。"

后 记

不忘初心

2017年，我在重新创办雷雨资本时，设立了两个目标：一是在中国做成一个高回报的天使基金样板；二是要做中国最好的创业教练之一，帮助创业者成功，为创业者加油！

大部分跟我一样的普通人，都是到了40多岁才能悟到些人生道理的，甚至经历过无数夜晚的煎熬才能获得成功。回顾以往，1997年，我大三创业，屡战屡败，屡败屡战，终于将生意做到了营收过亿。2005年进入投资领域之后，我相继见了一万多名创业者，与他们谈论创业故事。日积月累，我不仅复盘了自己在创业时的缺陷与不足，还更深刻地理解了战略、商业模式、使命、价值观、如何招人、如何增长等问题,我从这一万多名创业者身上学到了很多。18年的投资生涯过后,我想把这些记在自己心里的故事、经验和血泪,讲述给创业者。但因为学术水平有限,我可能引用了某些报道或图书,却忘记了出自何处,也可能因第一次写书,冒犯到一些人,故先行道歉。

但我所写的每一句都真诚,每一笔都深情,每一刀都温柔。

你们最真挚的二师兄

参考资料

[1]《财务是个真实的谎言》(作者：钟文庆，机械工业出版社)

[2]《财报就像一本故事书》(作者：刘顺仁，山西人民出版社)

[3]《徐文荣口述：风雨人生》(作者：徐文荣，中西书局)

[4]《一往无前》(作者：范海涛，中信出版集团)

[5]《九败一胜：美团创始人王兴创业十年》(作者：李志刚，北京联合出版公司)

[6]《人生舞台：阿西莫夫自传》(作者：艾萨克·阿西莫夫，黄群、许关强译，上海科技教育出版社)

[7]《心若菩提》(作者：曹德旺，人民出版社)

[8]《上市风云：我亲历的中概股上市潮》（作者：雷建平，机械工业出版社）

[9]《孙正义传：打造300年企业帝国的野心》（作者：杉本贵司，王健波译，中信出版集团）

[10]《马尔克斯与他的百年孤独：活着是为了说故事》（作者：杨照，新星出版社）

[11] 搜狐体育官网文章《兰迪·亨廷顿：中国田径崛起背后的68岁美国老头》。

[12]《中国企业家》杂志官网文章《每年两次加薪，这家创业公司的底气在哪里》。

[13] 微信公众号"新经济100人"文章《"鼠标脸"和"水泥脸"的融合》，作者：李志刚。